Gustav Keller

Qualitätsentwicklung in der Schule

Gustav Keller

Qualitätsentwicklung in der Schule

Ziele, Methoden, kleine Schritte

Asanger Verlag • Heidelberg, Kröning

Der Autor: Dr. Gustav Keller, Dipl. Psych.

Ein Titeldatensatz für diese Publikation ist bei
Der Deutschen Bibliothek erhältlich.

Umschlaggestaltung:
Kerstin Schulmayer, eleveneyes · agentur für visuelle kommunikation
nach einer römischen Schulszene

Printed in Germany

ISBN 3-89334-378-4

Inhaltsverzeichnis

0. Einleitung

„Ich bitte nicht um Wunder und Visionen, Herr, sondern um die Kraft für den Alltag. Lehre mich die Kunst der kleinen Schritte.“

Antoine de Saint-Exupéry

Seit Beginn der neunziger Jahre hat im deutschsprachigen Raum ein intensiver Prozess der inneren Schulentwicklung begonnen. Dies heißt nicht, dass es vorher keine Schulentwicklung gegeben hat. Schulentwicklung hat schon immer stattgefunden. Kein Bildungssystem und keine Schule bleiben sich im Strom der Zeit gleich.

Neu an der inneren Schulentwicklung ist, dass es kein natürlicher Wandel ist, sondern ein zielorientierter und systematischer.

Innere Schulentwicklung ist kein Selbstzweck. Unisono geben national und international alle Bildungspolitiker klar zu erkennen, dass Schulentwicklung immer den Aspekt der Evaluation und der Qualitätsentwicklung beinhaltet. Die Entwicklungsmaßnahmen müssen, so die Erwartungen der Auftraggeber, die Güte der pädagogischen Arbeit sichern helfen. Angesichts des schlechten Abschneidens der deutschen Schülerinnen und Schüler in der internationalen Schulleistungsstudie PISA ist dieses Postulat besonders dringlich geworden (Deutsches PISA-Konsortium 2001).

Wenn eine Schule sich evaluiert und weiterentwickelt, heißt dies nicht, dass kein Stein mehr auf dem anderen bleibt bzw. alles Bisherige negativ war. Aus meiner Meta-Analyse von Schulevaluationen (s. Kap. 10) geht hervor, dass es zum einen in jeder Schule eine Schatztruhe gibt und zum anderen einen Änderungsbedarf, aus dem konkrete Änderungsschritte abgeleitet werden müssen.

Schulische Qualitätsentwicklung, so meine Prozessevaluationen und Erfolgskontrollen (Keller 2000), bewirkt deutliche Verbesserungen des schulischen Arbeitsklimas und der pädagogischen Arbeitsergebnisse, jedoch nicht ein Qualitätsmaximum. Dies erreichen auch im privatwirtschaftlichen Bereich nur wenige Organisationen.

Eine ideale Optimierung ist, so mein Fazit, nur möglich durch eine parallele äußere Schulreform. Hierzu bräuchte man viele finanzielle

Ressourcen und einen spendablen Steuerbürger. In einer Zeit begrenzter Ressourcen ist nur ein Modell möglich, das ich Schulentwicklung in kleinen Schritten nenne. Man beginnt mit einer Start-Evaluation bzw. einer Bestandsaufnahme und verändert die Schule energiesparend im Kontext vorhandener Ressourcen und in einem seelisch erträglichen Tempo. Dies ist machbar. Alles andere überfordert den Einzelnen und die Organisation. Über kurz oder lang kommt ein Entwicklungsprozess, der zu viele Ziele anstrebt und zu schnell voranschreitet, zum Erliegen.

Zum Nachdenken

Ein Kalif ritt mit seinem Gefolge durch die Wüste. Sie kamen gut voran, die nächste Oase war nicht mehr weit, doch plötzlich hielt der zuvorderst reitende Kalif sein Kamel an, stieg ab und setzte sich in den Sand. „Oh Kalif, warum reitest du nicht weiter?“, fragten seine Leute. Der Kalif antwortete: „Ich bin zu schnell geritten, meine Seele ist noch nicht hier.“

1. Entwicklungskonzept

„Die Schule ist der Motor ihrer Entwicklung."

Per Dalin

Der gravierende Wandel in der Gesellschaft, in der Familie und in der Psyche von Kindern und Jugendlichen macht einen schulinternen Wandel dringend erforderlich, und zwar in Form einer inneren Schulentwicklung.

Innere Schulentwicklung ist gemeinsame und systematische Selbsterneuerung des Klimas, der Inhalte und der Formen pädagogischer Arbeit (Keller 1997). Gemeinsam bedeutet, dass die ganze Schule (Lehrer, Schüler, Eltern) daran beteiligt ist. Systematisch heißt, dass eine gründliche Evaluation, Änderungsplanung und Änderungsarbeit stattfinden.

Anlass einer inneren Schulentwicklung können zum einen aktuelle Lern-, Verhaltens- und Kommunikationsprobleme sein. Zum anderen gibt es auch Schulen, die momentan keinen besonderen Leidensdruck empfinden, aber aus innovativer Neugier eine Entwicklung wagen möchten. Darüber hinaus sollte sich jede Schule dazu motiviert fühlen, die Qualität ihrer pädagogischen Arbeit selbst zu bewerten und zu sichern.

Als Entwicklungsthemen sind von den Schulen in den letzten Jahren häufig gewählt worden:

- Evaluation der pädagogischen Arbeit und Entwicklung eines pädagogischen Konzepts/Schulprogramms,
- Weiterentwicklung des Unterrichts bzw. des Lehrens und Lernens,
- Weiterentwicklung der Sozialerziehung bzw. des sozialen Lernens,
- Verbesserung der kollegialen Kommunikation und Kooperation,
- Verstärkung der Zusammenarbeit mit dem Elternhaus,
- Öffnung zum kommunalen und wirtschaftlichen Umfeld.

Eine besondere Bedeutung kommt unter diesen Entwicklungsfeldern der Weiterentwicklung des Lehrens und Lernens zu. Erstens heißt dies verstärkte Anwendung schüleraktiver Unterrichtsformen (z.B. Freiarbeit, Gruppenarbeit, Projektarbeit). Zweitens versteht man darunter die systematische Vermittlung von Lern- und Arbeitsmethoden. Und drittens gehören zur Unterrichtsentwicklung auch das gemeinsame Planen, Handeln und Reflektieren im pädagogischen Team.

Innere Schulentwicklung vollzieht sich nicht punktuell, sondern ist ein langer, dynamischer Prozess, der schließlich ein Ergebnis hervorbringen soll. Beispiele für solche Ergebnisse sind ein neues Schulprogramm, ein schüleraktiver Unterricht, mehr Austausch, Abstimmung und Absprache auf Klassenebene oder ein Schulkodex. Dieses Ziel ist nur erreichbar, wenn der Prozess des Miteinander-Umgehens und der Zusammenarbeit gut funktioniert. Für die Prozessbegleitung werden normalerweise schulexterne Personen engagiert. Die Beraterinnen und Berater sind Helferinnen und Helfer zur Selbsthilfe, die den Entwicklungsprozess moderieren, auf die Einhaltung der Entwicklungsschritte achten und für Konfliktlösungen zur Verfügung stehen (s. Kapitel 3).

Der Entwicklungsprozess vollzieht sich in folgenden Schritten:

1. Einstiegsphase: Leidensdruck oder innovative Neugier, Meinungsbildung im Kollegium, Konferenz-Beschluss, Kontaktaufnahme mit den Moderatoren, Bildung einer Planungsgruppe;

2. Ist-Analyse: Bestandsaufnahme der pädagogischen Arbeit sowie der Kommunikation und Kooperation;

3. Soll-Analyse/Änderungsplanung: Sammlung von Änderungsideen und Verbesserungsvorschlägen, Festlegung von Entwicklungszielen und -maßnahmen, Aufgabenverteilung, Bildung einer Steuerungsgruppe;

4. Verwirklichungsphase: kontinuierliche Umsetzung der vereinbarten Maßnahmen, Koordination durch die Steuerungsgruppe, Zwischenbilanzen und Konfliktklärung;

5. Abschluss: Schlussbilanz, gemeinsame Bewertung, Institutionalisierung.

Fast alle Kollegien, so der Tenor meiner Prozess-Evaluationen (Keller 1999d u. 2000), erleben es trotz mancher Schwierigkeiten und Widerstände als sinnvoll und lohnenswert, eine Ist- und Soll-Analyse durchzuführen und darauf aufbauend Änderungsmaßnahmen zu entwickeln. Die Entwicklungsziele und Entwicklungsprogramme üben auf die pädagogische Arbeit positive Zugkräfte aus.

Hinsichtlich der Quantität und Qualität der Umsetzung treten größere Unterschiede auf. Es gibt Schulen, die intensive Entwicklungsarbeit leisten und beachtliche Wirkungen erzielen, aber irgendwann in Stressprobleme geraten. Dann sind Schulen zu beobachten, die ebenfalls in einen Entwicklungsprozess eingetreten sind, diesen aber kleinschrittig, energiesparend gestalten und sich hierfür Zeit lassen. Schließlich registriert man auch Schulen, die zwar eine Ist- und Soll-Analyse durchgeführt haben, aber sich mit der Umsetzung sehr schwer tun.

Die Entwicklungsprozesse unterscheiden sich auch hinsichtlich der Beteiligungsdichte. In manchen Schulen beteiligt sich der Großteil des Kollegiums an der Weiterentwicklung (= plenare Schulentwicklung), in anderen wiederum wird der Entwicklungsprozess von Projektteams getragen (= insulare Schulentwicklung). Ein Beispiel für den ersten Entwicklungstyp ist die Umsetzung eines sozialen Verhaltenskodexes auf allen Klassenstufen (s. Keller/Hafner 1999). Ein Beispiel für den zweiten Entwicklungstyp ist die Förderung der Methodenkompetenz in der Eingangsstufe der weiterführenden Schule (s. Keller 1999b).

Aus den praktischen Entwicklungserfahrungen lassen sich Voraussetzungen für das Gelingen eines Entwicklungsprozesses deutlich erkennen:

- Eine Schulentwicklung braucht eine klare Entscheidung des Kollegiums, in deren Vorfeld ein intensiver Dialog stattfindet. In diesem Dialog muss mit Widerständen achtsam und einfühlsam umgegangen werden.
- Es sind Entwicklungsmotoren vonnöten. Dazu gehören sowohl innovationsbereite Schulleiterinnen und Schulleiter als auch besonders engagierte Lehrerinnen und Lehrer.
- Für den Weg zum Ziel bedarf es einer „Entwicklungskarte", an der sich die Schule orientiert. Dies ist der Maßnahmenkatalog, auf den sich das Kollegium am Ende der Ist- und Soll-Analyse geeinigt hat. Aus den Zielvereinbarungen geht eindeutig hervor, wer was bis wann tun muss.

- Die Entwicklungsarbeit muss fortlaufend koordiniert, reflektiert und bilanziert werden. Hierfür geeignete Kommunikationsorte sind Gesamtlehrer- und Klassenkonferenzen oder eine repräsentativ zusammengesetzte Steuerungsgruppe. Letztere handelt im Auftrag des Kollegiums und ist diesem gegenüber informationspflichtig.
- Der Entwicklungsprozess muss nach innen und nach außen transparent gemacht werden. Zum einen heißt dies, Eltern- und Schülerschaft zu informieren und nach Möglichkeit zu beteiligen. Zum anderen bedarf es eines Dialogs mit der Schulaufsicht und dem Schulträger. Diesen externen Instanzen der Qualitätsverantwortung muss klar werden, dass die Schule internes Qualitätsmanagement praktiziert.

Erfolgreiche Veränderungsprozesse ergeben sich selten aus großen Känguru-Sprüngen, sondern sind kleinschrittige Vorwärtsbewegungen. Das Symbol dieser Veränderung ist die zielorientierte Schnecke. Dieses Schulentwicklungsmodell, so das Fazit meiner Erfahrungen und Evaluationen, findet in den Kollegien die meiste Akzeptanz.

Wer eine Schulentwicklung in kleinen Schritten angehen möchte, sollte sich an folgenden Leitsätzen orientieren:

1. Wir beginnen mit einer Bestandsaufnahme unserer Schule.
2. Wir suchen nicht nur nach Schwächen, sondern auch nach Stärken.
3. Aus der Stärken-Schwächen-Analyse leiten wir Änderungsziele ab.
4. Wir wählen ein Ziel aus, das uns wichtig und erreichbar erscheint.
5. Wir überlegen, auf welchem Weg wir dieses Ziel erreichen können.
6. Die Zielerreichung planen wir so, dass sie in kleinen, energiesparenden Schritten möglich wird.
7. Wir reflektieren unsere Entwicklungsarbeit.
8. Wir prüfen schließlich, ob wir das Ziel endgültig erreicht haben.
9. Erst wenn dieser erste Entwicklungsprozess abgeschlossen ist, packen wir das nächste Entwicklungsziel an.

Beispiel einer Schulentwicklung in kleinen Schritten

März 1995	Entwicklungsimpuls und Diskussion in der Gesamtlehrerkonferenz

Oktober 1995	Konferenzbeschluss, einen Schulenwicklungsprozess zu beginnen
März 1996	Ist- und Soll-Analyse

Stärken

- Wir-Gefühl, Offenheit, Humor
- Beziehung: Schulleitung-Kollegium
- pädagogisches Engagement
- Integration der Neulinge
- Qualifikationsbreite
- Projekttage

Schwächen

- zu wenig Austausch und Abstimmung auf Klassenebene
- keine Zielklarheit im Bereich des Sozialverhaltens
- Mangel an Ordnungssinn, Verantwortung und Pünktlichkeit
- mangelnde Lernmotivation und Lerntechnik
- unwirtliche Schulumwelt
- zu wenig Kooperation mit dem Elternhaus

Änderungsprogramm

- mehr Austausch und Abstimmung auf Klassenebene
- eine neue Schulordnung entwerfen
- mehr Verantwortung für das gemeinsame Ganze (Pünktlichkeit, Verantwortungsbereitschaft, Sauberkeit)
- die Zusammenarbeit mit dem Elternhaus verbessern
- das Lernverhalten gezielter fördern
- das Schulhaus verschönern

Juli 1996	Zwischenbilanz
Februar 1997	Zwischenbilanz
März 1997	Kennenlernen und Vereinbarung eines Programms zur Förderung der Methodenkompetenz

Juni 1997	Verabschiedung der neuen Schulordnung
März 1998	Entwurf eines Erziehungskonsenses zusammen mit den Elternvertretern
Oktober 1998	Evaluation der Umsetzungsschritte durch eine schriftliche Befragung
März 1999	Abschlussbilanz mit dem externen Moderator

Zum Nachdenken

Manchmal hat man eine lange Straße vor sich. Man denkt, die ist so schrecklich lang; das kann man niemals schaffen, denkt man. Und dann fängt man an, sich zu beeilen. Und man beeilt sich immer mehr. Jedes Mal, wenn man aufblickt, sieht man, dass es gar nicht weniger wird, was noch vor einem liegt. Und man strengt sich noch mehr an, man kriegt es mit der Angst, und zum Schluss ist man ganz außer Puste und kann nicht mehr. Und die Straße liegt immer noch vor einem. So darf man es nicht machen.
Beppo dachte einige Zeit nach. Dann sprach er weiter: „Man darf nie an die ganze Straße auf einmal denken, verstehst du?“, zu Momo gewandt, „man muss nur an den nächsten Schritt denken, an den nächsten Atemzug, an den nächsten Besenstrich. Und immer wieder nur an den nächsten.“
Wieder hielt Beppo inne und überlegte, eher er hinzufügte: „Dann macht es Freude; das ist wichtig, dann macht man seine Sache gut. Und so soll es sein.“ Und abermals nach einer langen Pause fuhr er fort: „Auf einmal merkt man, dass man Schritt für Schritt die ganze Straße gemacht hat. Man hat gar nicht gemerkt wie, und man ist nicht außer Puste.“

Michael Ende

Weiterführende Literatur

Altrichter, H./Schley, W./Schratz, M. (Hrsg.): Handbuch zur Schulentwicklung. Innsbruck und Wien: Studienverlag 1998.

Beucke-Galm, M./Fatzer, G./Rutrecht, R. (Hrsg.): Schulentwicklung als Organisationsentwicklung. Köln: Edition Humanistische Psychologie 1999.

Eikenbusch, G.: Praxishandbuch Schulentwicklung. Berlin: Cornelsen Scriptor 1998.

Rolff, H.-G./Buhren, C.G./Lindau-Bank, D./Müller, S.: Manual Schulentwicklung. Handlungskonzept zur pädagogischen Schulentwicklungsberatung (SchuB). Weinheim und Basel: Beltz 2000 (3. Aufl.).

Senge, P.: Die fünfte Disziplin. Kunst und Praxis der lernenden Organisation. Stuttgart: Klett-Cotta 1999 (7. Aufl.).

2. Entwicklungswerkzeuge

„Es genügt nicht, zum Fluss zu kommen mit dem Wunsch, Fische zu fangen. Man muss auch das Netz mitbringen."

Chinesische Weisheit

Wer konkrete Entwicklungsarbeit praktizieren möchte, braucht nicht nur eine Entwicklungsmotivation, sondern auch Entwicklungswerkzeuge.

Im Entwicklungswerkzeugkasten sollten sich zuallererst Methoden befinden, mit denen man gemeinsam und systematisch herausfinden kann, wo man steht und wohin man will. Einfach nur drauflos zu verändern, kann recht schnell im Chaos enden. Hierfür bieten sich Methoden der Ist- und Soll-Analyse an.

Schulentwicklung ist ein Prozess, an dem viele Betroffene beteiligt sein sollen. Ihre Meinungen, Beiträge, Einschätzungen und Ideen sind gefragt und gefordert, und zwar nicht nur schriftlich auf Fragebögen, sondern vor allem mündlich in den verschiedensten Gruppen. Ein reger und wirksamer Austausch darüber ist nur möglich, wenn die Gespräche und Besprechungen professionell und teilnehmerzentriert moderiert werden. Aus diesem Grund muss der Entwicklungswerkzeugkasten auch verschiedenste Moderationsmethoden enthalten.

Jeder Schulentwicklungsprozess sollte irgendwann zu einer guten schulinternen Dialogkultur führen. Das heißt, dass auf allen Schulebenen miteinander geplant, gedacht und bewertet wird. Eine Dialogkultur kann nicht verordnet werden, sondern muss sich entfalten und muss täglich geübt werden. Deshalb sollten im Entwicklungswerkzeugkasten auch Dialog-Instrumente zu finden sein.

Ist- und Soll-Analyse

Wenn sich eine Schule auf den Weg der Selbsterneuerung begibt, kommt sie um eine ehrliche Bestandsaufnahme nicht herum. Diese sollte aus der Ist-Analyse der pädagogischen Arbeit bzw. der Schulsituation bestehen.

Die Ist-Analyse kann sich auf unterschiedliche Schulaspekte beziehen. Zunächst ist zu klären, was diagnostiziert werden soll: die Schule insgesamt oder nur zentrale Aspekte (Kommunikation und Kooperation, pädagogisches Konzept, Lehren und Lernen, Sozialverhalten der Schüler, Elternhaus-Schule-Verhältnis).

Die Diagnose kann bei den Betroffenen Ängste hervorrufen. Diese müssen vor der Durchführung angesprochen, ausgesprochen, bearbeitet und geklärt werden.

An Diagnoseinstrumenten können eingesetzt werden:

- standardisierte Fragebögen (z.B. IFS-Schulbarometer 2000),
- selbstkonstruierte, auf die Schule bzw. das Problem zugeschnittene Fragebögen (s. Burkard/Eikenbusch 2000),
- Auswertung vorhandener Daten und Dokumente (Klassenbücher, Konferenzprotokolle, Stundenplan, Wiederholerstatistik, Prüfungsergebnisse, Anmeldezahlen, Ordnungsmaßnahmen, Prüfungsergebnisse),
- Stärken-Schwächenanalyse in Kleingruppen mit anschließender Zusammenfassung zu einem Stärken-Schwächenbild,
- expressive bzw. metaphorische Methoden (z.B. Schule als Bild darstellen).

Mit Fragebögen lassen sich Meinungen, Einstellungen und Überzeugungen recht gut erfassen.

Nicht so geeignet sind Fragebögen, wenn die subjektive Erlebnisseite, also Gefühlsstrukturen, freigelegt werden sollen. In diesem Falle empfiehlt es sich, mit Bildern, Symbolen und expressiven Ausdrucksmitteln zu arbeiten. Gut bewährt hat sich die Durchführung metaphorischer Übungen - zum Beispiel: „Ich und meine Schule" (s. Fatzer 1993). Die Lehrerinnen und Lehrer übertragen das, was sie in ihrer Schule konkret erleben, in ein Bild. Die Bilder werden ausgestellt, kommentiert und interpretiert. Die Auswertungen liefern fundierte Informationen über das Befinden, das Klima, die Beziehungen. Metaphorische Übungen können als Aufwärmübung, als Vorstufe zu einer systematischen Befragung oder als zentraler Zugang zur Schulseele eingesetzt werden. Solche Übungen sind immer auch eine Alternative zum kopfbetonten Arbeiten.

Am besten ist eine Kombination von quantitativen und qualitativen Verfahren.

Die erhobenen Daten werden anschließend im Sinne einer gemeinsamen, dialogischen Hermeneutik interpretiert und in eine abschließende Diagnose integriert.

Moderationsmethode

Schulentwicklung kann nur gelingen, wenn die betroffenen Lehrerinnen und Lehrer Probleme selbst sammeln, analysieren und lösen dürfen. Hierzu bedarf es einer teilnehmerzentrierten Arbeitskommunikation.

Grundsätzlich heißt dies, dass schulinterne und schulexterne Moderatorinnen und Moderatoren die Arbeitsgruppen auf dem Weg zu den Arbeitsergebnissen begleiten. Sie sorgen dafür, dass Hilfsmittel zur Vermittlung von Informationen und für die Visualisierung von Ergebnissen bereitgestellt werden:

- Stellwände
- Tageslichtprojektor
- Folien
- Flipchart
- Wandzeitungen
- Plakate
- Moderationskarten
- Filzstifte
- Klebepunkte
- Klebestifte
- Klebeband
- Dekonadeln

Sie verhelfen den Teilnehmerinnen und Teilnehmern zu einer angenehmen und wirksamen Kommunikation, indem sie wichtige Kommunikationsregeln vermitteln:

1. Wir versuchen, so offen wie möglich zu sein.
2. Kritik äußern wir so, dass niemand in seinem Ehrgefühl verletzt wird.
3. Wenn jemand spricht, hören wir ihm konzentriert zu.
4. Wir halten uns an den Arbeitsauftrag.
5. Die Arbeit am Thema unterbrechen wir nur dann, wenn es atmosphärische Probleme gibt.

Möglich ist es auch, dass die Teilnehmer selbst Wünsche an das Miteinander formulieren – auf Karten oder auf einer Wandzeitung. Diese werden dann regelartig zusammengefasst.

Sie achten darauf, dass das Wesentliche visualisiert und dokumentiert wird. Sie können zur prägnanten Gestaltung anleiten:

- Gut lesbar schreiben.
- Möglichst Druckbuchstaben benutzen.
- Auf Übersichtlichkeit achten.
- Sich auf das Wesentliche beschränken.
- Zeichnungen sind erlaubt.

Während des gesamten Arbeitsprozesses achtet die Moderatorin oder der Moderator darauf, dass die Arbeitsstufen und Arbeitsregeln eingehalten werden, die Teilnehmerinnen und Teilnehmer am Thema bleiben und sich alle einbringen können. Sie hören gut zu, bremsen „Redelöwen" und ermuntern zaghafte „Gazellen" und greifen im Falle sprachlicher Fouls grenzziehend ein.

In größeren Schulen kann die Problembearbeitung in selbst moderierten Kleingruppen (5-8 Teilnehmer) erfolgen. Hierfür benötigen die Gruppen einen Moderationsleitfaden. Sehr bewährt hat sich die nachstehende Arbeits-Schritt-Folge:

1. Klären, wer moderiert und wer dokumentiert.
2. Stillarbeit (Stichwörter notieren).
3. Ergebnisse der Stillarbeit im Rundgespräch austauschen.
4. Ergebnisse auf einem Poster zusammenfassen.
5. Einen Präsentator bestimmen.

Wer gut moderieren möchte, benötigt ein genügend großes Methodenrepertoire, aus dem er jene Methode auswählt, die zum Thema, zur Zielgruppe und zur Arbeitsphase am besten passt. Hierzu eignet sich der folgende Moderationsbaukasten:

Einstieg

Transparenz herstellen

Der Konferenzablauf wird den Teilnehmern auf einem Plakat, einer Folie oder einer Tischvorlage vorgestellt. Es sollte in dieser Phase möglich sein, das Programm zu modifizieren, falls entsprechende Wünsche geäußert werden.

Erwartungsabfrage

Die Teilnehmerinnen und Teilnehmer werden aufgefordert, das auszudrücken, was sie sich von der Besprechung wünschen. Dies kann mündlich (kurzes Statement) oder schriftlich (Wandzeitung, Kartenabfrage) geschehen.

Metaphorischer Einstieg

Die Teilnehmerinnen und Teilnehmer werden aufgefordert, das Thema oder Problem durch einen bildhaften Vergleich zu konkretisieren („Schulentwicklung ist ein schwieriger Aufstieg auf einen hohen Berg mit schöner Aussicht"). Jeder entwirft in einer kurzen Stillarbeit eine Metapher. In der anschließenden metaphorischen Stafette werden sie vorgelesen.

Gruppenbildung

Je mehr Personen an einer Konferenz teilnehmen, desto dringlicher ist es, Problemsammlungen, Problemanalysen und Lösungskonstruktionen in Kleingruppen (6-8 Personen) durchzuführen. Als Möglichkeiten der Gruppenbildung bieten sich an: Zufallsauswahl (z.B. durch Abzählen) oder Kriterienauswahl nach Klassenstufen, Schulstufen, Fächern usw. Nicht zu empfehlen ist eine Gruppenbildung nach dem Sympathie-Antipathie-Prinzip.

Arbeitsformen

Abfrage auf Zuruf

Die Frage steht schon auf dem Flipchart. Die Teilnehmerinnen und Teilnehmer überlegen sich Antworten und rufen sie zu. Der Moderator lenkt den Prozess, der Co-Moderator dokumentiert die Antworten auf dem Flipchart.

Bienenkorb

Nach einer schriftlichen (z.B. Text) oder mündlichen (z.B. Referat) Informationsphase tauschen sich die Teilnehmerinnen und Teilnehmer in Zweier- oder Dreiergruppen zwanglos über das Erfahrene aus und überlegen sich gegebenenfalls Fragen. Diese Fragen werden anschließend im Plenum bekannt gegeben und beantwortet.

Einpunktabfrage

Die Teilnehmerinnen und Teilnehmer antworten auf eine visualisierte Frage mit dem Kleben eines Punktes. Beispielsweise steht auf dem Flipchart der Satz „Erfahrungen mit der Moderationsmethode sind ..." und darunter die Antwortkategorien „sehr gut – gut – mäßig –schlecht – sehr schlecht".

Kartenabfrage

Den Teilnehmerinnen und Teilnehmern wird eine Frage vorgegeben. Sie schreiben ihre Antworten stichwortartig mit einem Filzstift deutlich lesbar auf Karten (pro Karte nur ein zentraler Gedanke). Die Karten werden vom Moderator vorgelesen und im Konsens mit der Gruppe thematisch gruppiert. Jede Karten-Gruppe erhält einen treffenden Oberbegriff.

Mehrpunktabfrage

Sie ist eine Alternative zur Abstimmung. Sie dient dazu, Schwerpunkte zu ermitteln oder Entscheidungen zu treffen. Jeder Teilnehmer bekommt hierfür Klebepunkte. Die Zahl der Klebepunkte wird nach folgender Formel errechnet: Anzahl der Alternativen dividiert durch zwei.

Meinungsecken

Zu einem Thema, zu Entscheidungsalternativen oder zu einem Problem werden verschiedene Meinungen formuliert. Diese werden in verschiedenen Ecken des Raumes aufgehängt. Die Teilnehmerinnen und Teilnehmer ordnen sich den Meinungsecken selbst zu. Dort tauschen sie ihre Meinungen und Argumente aus. Anschließend trägt ein Gruppensprecher das Gesprächsergebnis im Plenum kurz vor.

Methode 66

Um ein Problem intensiver zu reflektieren, Ursachen zu suchen oder Ideen zu sammeln, kann ein Konferenzplenum kurzfristig in Gruppen aufgeteilt werden. Jeweils sechs Teilnehmer finden sich in einer Gruppe zusammen und tauschen sich sechs Minuten aus. Das wichtigste Ergebnis (z.B. Lösungsvorschlag) wird von der Gruppe ans Plenum zurückgemeldet. Auf der Grundlage der Gruppenarbeitsergebnisse wird die Plenumarbeit fortgesetzt.

Mind Mapping

Um den Menschen eine Hilfe zur Ordnung ihrer Gedanken an die Hand zu geben, hat der englische Psychologe Tony Buzan die Mind-Mapping-Methode entwickelt. Ins Deutsche übersetzt kann man auch von der Gedanken-Karten-Methode sprechen. Sie eignet sich nicht nur für den einzelnen Denker, sondern auch für gemeinsame Ideensammlung und Problemlösung in Kleingruppen. Beim Mind Mapping sind Grundregeln zu beachten:

- Den Oberbegriff bzw. die zentrale Idee in die Mitte des Plakats schreiben.
- Die Hauptinformationen auf die Hauptäste, Zusatzinformationen auf die Nebenäste platzieren.
- Möglichst nur Hauptwörter verwenden.
- Einen Ast mit nur ein bis zwei Wörtern besetzen.
- Möglichst nur Blockbuchstaben verwenden.
- Auf den Hauptästen nur mit Großbuchstaben schreiben, auf den Nebenästen sind auch Kleinbuchstaben (in Blockschrift) möglich.
- Die Map nach allen Seiten ausdehnen.
- Neue Gedanken können nachträglich eingefügt werden.
- Bei der Gedankenfolge immer vom Allgemeinen zum Speziellen gehen.
- Die zentralen Gedanken durch Symbole, Bilder und Farben verdeutlichen.

Stilles Schreibgespräch

An Stellwänden werden Plakate befestigt, auf denen jeweils eine Frage steht. Die Teilnehmerinnen und Teilnehmer schreiben ihre Antworten darauf. Während der Beantwortung darf nicht gesprochen werden. Anschließend werden die Antworten besprochen und zusammengefasst.

Themenspeicher

Sind beispielsweise durch die Kartenabfrage Themenschwerpunkte gefunden worden, an denen weitergearbeitet werden soll, empfiehlt sich eine übersichtliche Darstellung auf einem Flipchart. Falls eine Priorisierung notwendig erscheint, kann diese mit Hilfe einer Mehrpunktabfrage (s.o.) vorgenommen werden.

Pausen/Entspannungsübungen

Die Konzentrations- und Leistungsfähigkeit der Teilnehmerinnen und Teilnehmer ist begrenzt. Spätestens nach eineinhalb Stunden ist eine Pause vonnöten. Die Anwesenden sollen sich bewegen und frische Luft tanken können. Statt einer Pause oder zwischendurch können auch kurze Entspannungsübungen absolviert werden:

Stress loswerden

Sie stehen aufrecht mit leicht gespreizten Beinen.
Nun beginnen Sie, den ganzen Körper, besonders Arme und Beine, zu schütteln.
Stress darf nun abgeschüttelt werden.

Äpfel pflücken

Stellen Sie sich abwechselnd auf die Zehenspitzen des linken und dann des rechten Fußes und pflücken Sie mit ausgestreckten Armen Äpfel von einem Baum.

Muskelentspannung

Sitzen Sie locker und entspannt.
Atmen Sie langsam ein und spannen Sie parallel zur Einatmung Füße,

Waden, Oberschenkel, Gesäß, Bauch, Brust, Rücken, Arme und Hände an.
Halten Sie mit der Anspannung acht Sekunden lang die Atmung an.
Lassen Sie mit einer langsamen Ausatmung alle Muskeln entspannen.

Zwischenbilanzen/Momentaufnahmen

Blitzlicht

Es wird die augenblickliche Stimmung festgestellt. Jede Person sagt kurz, wie sie sich momentan fühlt, wie zufrieden sie mit den bisherigen Arbeitsergebnissen ist und wie er die Kommunikation erlebt.

Stimmungsbarometer

Auf einem Plakat steht oben der Satz „Ich fühle mich momentan..." und darunter befindet sich eine Skala mit den Kategorien „sehr gut - gut - mäßig - schlecht - sehr schlecht". Jeder visualisiert mit Hilfe eines Klebepunktes auf dieser Skala seine aktuelle Stimmung.

Schluss

Maßnahmenplan

Um gemeinsam erarbeitete Lösungsvorschläge wirksam in den Alltag umzusetzen, müssen sich die Teilnehmerinnen und Teilnehmer unter der Moderation des Gesprächsleiters darüber einig werden, wer was bis wann durchführt. Die Ergebnisse des Einigungsprozesses werden in eine Tabelle mit entsprechenden Spaltenüberschriften (Was? Wer? Wann?) eingetragen. Abschließend wird eine Erfolgskontrolle terminiert.

Abschlussblitzlicht

Der Moderator bittet jede Person um eine Antwort auf folgende Frage: „Wie war der heutige Tag für Sie? Geben Sie eine Stellungnahme in ein bis zwei Sätzen ab, ohne die Äußerungen der anderen zu kommentieren."

Bezugsadressen für Moderationsmittel

Die Trainerwerkstatt GmbH, Arkadenhof, 21218 Seevetal
Neuland GmbH, Am Kreuzacker 7, 36124 Eichenzell

Nitor GmbH, Adlerstr. 44-46, 25454 Rellingen
Oberschwäbische Werkstätten für Behinderte, Wachtelhau 3,
72488 Sigmaringen

Dialog-Methode

Dialog heißt im ursprünglichen Sinne Wechselrede. In der Antike war es ein Gespräch auf dem Marktplatz, das so lange dauerte, bis man eine Übereinkunft erzielt hatte. Vorbild der modernen Dialog-Runde ist die Council-Runde der nordamerikanischen Indianer. Dort wurden wichtige Themen des Stammeslebens besprochen. Alle saßen im Kreis. Wer etwas zum Thema sagen wollte, nahm den Redestein. Wer den Redestein in der Hand hielt, durfte nicht unterbrochen werden. Vom Redner wurde erwartet, dass er sich kurz fasst und aus dem Herzen spricht.

Im Dialog teilen sich Menschen ihre Meinungen und Ideen mit. Aus der Fülle des Mitgeteilten sollen Einsichten und Erkenntnisse entstehen, die das einzelne Mitglied der Dialog-Runde nicht gewinnen kann.

Vom Dialog zu unterscheiden ist die Diskussion. Sie zielt primär darauf ab, eigene Meinungen und Erkenntnisse mitzuteilen und gegenüber den anderen Standpunkten zu verteidigen.

Man unterscheidet zwischen einem generativen Dialog, der zunächst kein konkretes Thema hat und ein zwangloser Austausch ist, und einem zielorientierten Dialog. Letztere Gesprächsform bedeutet, dass das Thema vorgegeben ist und dass man sich mit ihm zielorientiert beschäftigt.

Der Dialog ist nach Peter Senge (1999) eine Grundvoraussetzung der lernenden Organisation. Nur durch die Fähigkeit zum gemeinsamen Denken ist es möglich, miteinander Konzepte zu entwickeln und Probleme wirksam zu lösen. In den Teams der lernenden Organisation müssen regelmäßig Dialog-Runden stattfinden.

Eine Dialog-Runde benötigt einen Dialog-Begleiter, der ein vertrauensvolles Klima herstellt, den Gesprächsprozess moderiert und das Dialogverhalten fördert. Er sieht seine Rolle primär darin, ein freies Äußern und Zusammenfließen von Gedanken zu ermöglichen. Dies gelingt ihm, wenn er fragt, vorsichtig lenkt, klärt, spiegelt, verdeutlicht, zusammenfasst und reflektiert.

Im Gegensatz zum hierarchischen Besprechungsstil wird nichts vorgefertigt, sondern gründlich und gemeinsam erarbeitet. Auf diese Weise zustande gekommene Konzepte und Lösungen werden nicht als apodiktisch betrachtet, sondern nur als vorläufig umsetzbar. In der nächsten Dialogrunde werden die Umsetzungserfahrungen ausgetauscht und kritisch reflektiert. Was sich als schwierig erwiesen hat, wird wieder in den Dialog eingebracht, und zwar mit dem Ziel, eine bessere Lösung zu entwerfen. So besehen und praktiziert ist der Dialog ein permanenter Arbeits- und Lernprozess.

Der Dialog beginnt immer mit einem Check-In. Der Redestein wird herumgereicht und jeder sagt, was ihm für diese Dialog-Runde am Herzen liegt. In der ersten Phase einer Dialog-Runde greift der Begleiter häufiger ein, um den Teilnehmern zum richtigen Dialogverhalten zu verhelfen. An Redebeispielen zeigt er Verbesserungsmöglichkeiten auf. Von einem guten Dialogverhalten kann dann gesprochen werden, wenn die Dialogisierenden folgende Fähigkeiten erwerben und anwenden (Hartkemeyer u.a. 1999):

1. Lernhaltung, kein Wahrheitsbesitz
2. Respekt vor dem anderen
3. Offenheit
4. Aus dem Herzen sprechen (Leitsatz des Indianer-Councils)
5. Mitfühlendes Zuhören
6. Kein Zeitdruck
7. Vorgefasste Meinungen beiseite legen (suspendieren)
8. Produktives Plädieren
9. Erkunden
10. Annahmen gemeinsam prüfen

In der Hauptphase legt derjenige, der gerade geredet hat, den Redestein in die Mitte zurück. Wer den Dialog fortsetzen möchte, holt sich ihn. Der Redestein soll eine Pingpong-Kommunikation verhindern. Mit Hilfe des Redesteins erhält der Kommunikations- und Denkfluss eine angenehme Geschwindigkeit. Nach cirka 1½ bis 2 Minuten gibt der Dialog-Begleiter ein Handzeichen, um auf die Redezeitbegrenzung hinzuweisen. Am Ende der Dialog-Runde findet das Check-Out statt. Der Redestein wandert im Kreis herum und jede Person darf sagen, wie es ihr am Ende der Runde geht.

Zehn Dialogregeln (in Anlehnung an Hartkemeyer)

1. Wir sind bereit zu lernen.
2. Wir achten uns als Menschen.
3. Wir sind bereit, unsere Einstellungen in Frage zu stellen.
4. Wir sprechen aus dem Herzen.
5. Wir hören zu, wenn jemand spricht.
6. Wir lassen uns Zeit.
7. Wir verzichten auf vorgefasste Meinungen und vorschnelle Bewertungen.
8. Wir vertreten unsere Standpunkte produktiv.
9. Wir fragen aufrichtig und einfach.
10. Wir beobachten unser eigenes und unser gemeinsames Denken.

Zum Nachdenken

Ein Esel, der mit Salz beladen war, musste durch einen Fluss waten. Er fiel hin und musste für einige Augenblicke in der kühlen Flut liegen. Beim Aufstehen fühlte er sich um einen großen Teil seiner Last erleichtert, weil das Salz im Wasser geschmolzen war. Langohr merkte sich diesen Vorteil und wandte ihn gleich an, als er, mit Schwämmen belastet, wieder durch diesen Fluss ging. Diesmal fiel er absichtlich nieder, sah sich aber arg getäuscht. Die Schwämme hatten nämlich das Wasser angesogen und waren bedeutend schwerer als vorher. Die Last war so groß, dass er erlag. Ein Mittel taugt nicht für alle Fälle.

Aus dem Irak

Weiterführende Literatur

Hartkemeyer, M./Hartkemeyer, J.F./Dhority, L.F.: Miteinander denken. Das Geheimnis des Dialogs. Stuttgart: Klett-Cotta 1999 (2. Aufl.).

Institut für Schulentwicklungsforschung (Hrsg.): IFS-Schulbarometer. Ein mehr-perspektivisches Instrument zur Erfassung der Schulwirklichkeit. Dortmund: IFS-Verlag 2000 (6. Aufl.).

Kuhnt, B./Müllert, N.R.: Moderationsfibel Zukunftswerkstätten. Das Praxisbuch zur Sozialen Problemlösungsmethode Zukunftswerkstatt. Münster: Ökotopia 1996.

Lipp, U./Will, H.: Das große Workshop-Buch. Konzeption, Inszenierung und Moderation von Klausuren, Besprechungen und Seminaren. Weinheim und Basel: Beltz 1996.

Nissen, P./Iden, U.: KursKorrektur Schule. Ein Handbuch zur Einführung der Moderationsmethode im System Schule für die Verbesserung der Kommunikation und des miteinander Lernens. Hamburg: Windmühle 1999.

Rolff, H.-G./Buhren, C.G./Lindau-Bank, D./Müller, S.: Manual Schulentwicklung. Handlungskonzept zur pädagogischen Schulentwicklungsberatung (SchuB). Weinheim und Basel: Beltz 2000 (3. Aufl.).

3. Entwicklungshelfer

„Wir halten es für unsere Pflicht, den Leuten zu helfen, sich selbst zu helfen."

Henry Ford

Grundsätzlich ist es immer möglich, dass eine Schule sich allein auf den Weg einer inneren Schulentwicklung begibt und tatsächlich auch brauchbare Entwicklungsergebnisse erzielt. Nach meinen Erfahrungen ist jedoch die Gefahr groß, dass der Prozess in einem Schiffbruch endet. Ein häufiger Grund ist, dass Konflikte und Kommunikationsprobleme entstehen, die intern nicht gelöst werden können und dem Prozess rasch die seelische Energie entziehen. Das heißt, dass sich die Beteiligten nicht mehr mit dem Entwicklungsziel beschäftigen, sondern nur noch mit sich selbst, und zwar meist auf eine destruktive Art und Weise mit vielen Verletzungen. Ebenso häufig kommt es vor, dass selbst gestrickte Projekte scheitern, weil es an entwicklungsmethodischen Kenntnissen und Fertigkeiten mangelt. Aus der Pannen-Analyse geht immer wieder hervor, dass es der Schule nicht gelingt, aus der Datenfülle einer Bestandsaufnahme ein realistisches Änderungsprogramm abzuleiten.

Eine Schule tut gut daran, sich während einer Schulentwicklung von Beraterinnen und Beratern bzw. einem Beraterteam begleiten zu lassen. Inzwischen gibt es hierfür in den meisten Schulregionen speziell ausgebildete Entwicklungshelfer. Sie werden regional recht unterschiedlich bezeichnet. Typische Bezeichnungen sind: Prozessbegleiterinnen und Prozessbegleiter, Schulberaterinnen und Schulberater, Schulentwicklungsberaterinnen und Schulentwicklungsberater. Normalerweise wird dieses Beratungsangebot den Schulen durch die regionale Schulverwaltung bekannt gemacht. Wenn eine Schule bei der Kontaktfindung Probleme hat, sollte sie sich an die Schulbehörde wenden. Dort wird man ihr sicherlich kompetent weiterhelfen können.

Die Schule, dies ist sehr wichtig, wählt sich letztlich die Beratungspersonen selbst aus und verständigt sich mit ihnen über die Beratungsziele und den Prozessablauf.

Die Beraterinnen und Berater verstehen sich als Helfer zur Selbsthilfe. Sie stellen der Schule ihre moderatorischen Kompetenzen zur Verfügung, treffen aber keine Entscheidungen. Und sie haben auch keine Ergebnisverantwortung, sondern nur eine Prozessverantwortung. Letzteres bedeutet, für eine gute Kommunikationsstruktur und ein angenehmes Kommunikationsklima zu sorgen.

Die Beraterinnen und Berater sind Zeremonienmeister. Sie wissen, wann was arrangiert werden muss. Wenn sie intervenieren, tun sie dies sparsam. Sie spiegeln der Schule immer wieder ihre Beobachtungen zurück und stellen lernträchtige Fragen. Sie sind allparteilich. Sie klagen niemanden an. Sie koalieren nicht. Sie geben mal dem einen, mal dem anderen Recht. Den Widerspruch praktizieren sie genauso ausgewogen. Sie halten sich mit inhaltlichen Ratschlägen zurück, können aber dort, wo dies entwicklungsförderlich ist, Expertenwissen einbringen.

Um die Entwicklung wirksam zu begleiten, müssen die Beraterinnen und Berater den Prozess gründlich analysieren. Erste Aufschlüsse erhalten sie durch unmittelbare Verhaltensbeobachtungen während der Planungsgespräche, Pädagogischen Tage, Gesamtlehrerkonferenzen und Bilanzsitzungen. Die Gruppenkommunikation liefert ihnen wichtige Erkenntnisse über die Gruppenstruktur, über das Gruppenklima, über einzelne Personen und über interpersonelle Konflikte. Sie stehen als Mediatorinnen und Mediatoren zur Verfügung, wenn die Konflikte von den Betroffenen nicht selbst gelöst werden können.

Die Beraterinnen und Berater moderieren auch die Zwischenbilanzen. Diese Besprechungen sollen Aufschluss darüber bringen, wie weit die Schule in ihrem Entwicklungsprozess fortgeschritten ist. Und sie sind meist auch jener Ort, an dem Prozesskonflikte geklärt werden können.

Die Beraterinnen und Berater sind keine Dauerleihgabe. Sie müssen sich im Lauf der Zeit überflüssig machen. Nur wenn die Schule es gelernt hat, sich selbst zu helfen, ist sie eine lernende Organisation geworden.

Leitfaden für ein Entwicklungs-Erstgespräch

1. Persönliche Vorstellung und Erläuterung der Beraterrolle
2. Wie entstand der Wunsch, eine Schulentwicklung zu beginnen?

Wer gab den Impuls?
3. Wie verlief der bisherige Meinungsbildungsprozess? Ist das Kollegium eingebunden worden? In welcher Form?
4. Wie hoch ist der Zustimmungsgrad im Kollegium? Wie fiel die Abstimmung in der Gesamtlehrerkonferenz aus?
5. Welche Erwartungen und Wünsche hat das Kollegium? Welche Erwartungen und Wünsche hat die Schulleitung?
6. Wie soll das Tagungsprogramm aussehen? (Konstruktion der Themen- und Zeitstruktur)
7. Sonstiges: Tagungsort, Medien, weitere Hilfsmittel.

Bilanzleitfaden für Schulentwicklungsprozesse

1. Begrüßung und Einstimmung
2. Rückblick auf den letzten Entwicklungstag bzw. auf das Entwicklungsprogramm
3. Umsetzungs- /Projektberichte
4. Zusammenfassung
5. Ausblick auf die weitere Entwicklungsarbeit
   - Was kann abgeschlossen werden?
   - Was muss fortgesetzt werden?
   - Was erweist sich als nicht umsetzbar?
   - Was muss in das Entwicklungsprogramm neu aufgenommen werden?
6. Feedback

Zum Nachdenken

Es war einmal ein Mann, der sich verirrte und in das Land der Narren kam. Auf seinem Weg sah er die Leute, die voller Schrecken von einem Feld flohen, als sie Weizen ernten wollten. „Im Feld ist ein Ungeheuer“, erzählten sie ihm. Er blickte hinüber und sah, dass es eine Wassermelone war.

Er erbot sich, das „Ungeheuer“ zu töten, schnitt die Frucht von ihrem Stiel und machte sich sogleich daran, sie zu verspeisen. Jetzt bekamen die Leute vor ihm noch größere Angst, als sie vor der Melone gehabt hatten. Sie schrien: „Als Nächstes wird er uns töten, wenn wir ihn

nicht schnellstens loswerden", und jagten ihn mit ihren Heugabeln davon.
Wieder verirrte sich eines Tages ein Mann im Land der Narren, und auch er begegnete Leuten, die sich vor einem vermeintlichen Ungeheuer fürchteten. Aber statt ihnen seine Hilfe anzubieten, stimmte er ihnen zu, dass es wohl sehr gefährlich sei, stahl sich vorsichtig mit ihnen von dannen und gewann so ihr Vertrauen. Er lebte lange Zeit bei ihnen, bis er sie schließlich Schritt für Schritt jene einfachen Tatsachen lehren konnte, die sie befähigten, nicht nur ihre Angst vor Wassermelonen zu verlieren, sondern sie sogar selbst anzubauen.

Sheldon B. Kopp

Weiterführende Literatur

König, E./Volmer,G.: Systemische Organisationsberatung. Grundlagen und Methoden. Weinheim: Deutscher Studienverlag 1999 (6. Aufl.).

Königwieser, R./Exner, A.: Systemische Intervention. Architekturen und Designs für Berater und Veränderungsmanager. Stuttgart: Klett-Cotta 1999.

Senge, P./Kleiner, A./Smith, B./Roberts, C./Ross, R.: Das Fieldbook zur Fünften Disziplin. Stuttgart: Klett-Cotta 1997 (2. Aufl.).

4. Zielklarheit nach innen und außen

„Der Langsamste, der sein Ziel nicht aus den Augen verliert, geht immer noch geschwinder, als der ohne Ziel umherirrt.“

Gotthold Ephraim Lessing

Aus der Schulforschung und aus der Schulentwicklung lässt sich eine wichtige Grunderkenntnis ableiten. Sie lautet: Je weniger es in einer Schule Ziele gibt, an denen sich das tägliche Handeln orientieren kann, desto häufiger treten Kommunikations-, Leistungs- und Verhaltensprobleme auf.

Ich habe in meiner Schulberatungsarbeit immer wieder Schulen angetroffen, in denen das pädagogische Handeln dem Zufall überlassen blieb, die persönlichen pädagogischen Auffassungen stark divergierten, isolierte Verantwortlichkeiten entstanden, Grenzen unterschiedlich gezogen wurden und systematische Abstimmung und Absprache kaum stattfanden. Nicht selten waren an diesem Problem führungsschwache Schulleitungen ursächlich beteiligt. Sie waren unfähig, für Zielklarheit zu sorgen. In Coaching-Gesprächen gaben sie oft folgende Gründe an:

- „Wenn ich Konsens einfordere, schaffe ich Konflikte.“
- „Jeder Kodex schränkt die Freiheit des Einzelnen ein.“
- „Eine Schule lebt von der Vielfalt.“
- „Papierne Grundregeln ändern Fehlverhalten nicht.“
- „Wir haben doch eine Schulordnung.“
- „Wir haben ein implizites pädagogisches Konzept.“

Ähnliche Argumente äußerten auch ein Teil der Lehrerinnen und Lehrer dieser Kollegien. Interessant war, dass bei der anschließenden Problemanalyse, die meist im Kontext einer inneren Schulentwicklung stattfand, die mangelnde Zielklarheit als ein wesentlicher Faktor diagnostiziert worden ist (s. Kap. 10). Aufbauend auf dieser Selbsterkenntnis fanden zielklärende Prozesse statt. Produkte dieser Klärung waren meistens ein neuer Schulkodex, ein Schulprogramm, ein Schulleitbild oder ganz einfach mehr Abstimmung und Absprache auf Klassen- und Schulebene. Bei der Bilanzierung dieser Entwicklung war nur von ganz wenigen Lehrerinnen und Lehrern zu hören, dass sie sich in ihrer pädagogischen Freiheit eingeschränkt fühlten. Der Großteil stellte fest, dass die praktizierte Zielklarheit zu einem besseren Schulklima, zum Rückgang von Leistungs- und Verhaltensproblemen und zu besseren Beziehungen mit den Schulkunden geführt hatte (s. Keller 2000).

Schulkodex

Kinder und Jugendliche haben ein unfertiges Regelbewusstsein bzw. noch kein voll entwickeltes Gewissen. Deshalb sind sie angewiesen auf Orientierungen, Normverdeutlichungen, Warnschilder und Grenzziehungen. Außerdem gilt die Erkenntnis: Je komplexer eine Gemeinschaft, desto mehr sind ihre Mitglieder auf einen unmissverständlichen Verhaltenskodex angewiesen.

Der Verhaltenskodex einer Schule, im Folgenden Schulkodex genannt, sollte vor allem möglichst positiv formulierte Regeln für Schülerinnen und Schüler, Lehrerinnen und Lehrer sowie Eltern enthalten. Möglich ist es auch, in diesen Kodex spezielle Gebote und Verbote, die zur Sicherung der funktionellen Abläufe und zum Schutz der körperlichen und seelischen Unversehrtheit von Schülerinnen und Schülern notwendig sind, einzubauen.

Ein Schulkodex, der akzeptiert werden möchte, muss von der Lehrer-, Schüler- und Elternschaft gemeinsam entwickelt werden. Hierzu sollte man eine paritätisch zusammengesetzte Projektgruppe bilden. Diese führt zuerst eine Erhebung durch. Befragungsziel ist herauszufinden, was man an positiven Verhaltensweisen erwartet und wo Grenzziehungen vonnöten sind. Ausgehend von den Ergebnissen erarbeitet die „Kodex-Gruppe“ einen Entwurf, der in den Schulgremien so lange besprochen wird, bis eine konsensfähige Endversion verabschiedet werden kann.

Der Schulkodex muss nach der Verabschiedung sorgfältig multipliziert werden. Eine intensive Verdeutlichung ist auf der Klassenebene vonnöten, und zwar sowohl im Unterricht als auch am Elternabend. Diese Maßnahme sollte wiederholt werden, wenn sich herausstellt, dass die Schülerinnen und Schüler den Schulkodex nicht verinnerlicht haben.

Die Normvermittlung kann durch folgende Aktionen zusätzlich gefördert werden:

- Entwurf einer motivierend gestalteten Kurzbroschüre,
- Entwurf von Plakaten und Piktogrammen im Kunstunterricht,
- thematische Einbettung in einzelne Fächer.

Ob die im Schulkodex enthaltenen Regeln tatsächlich auch eingehalten werden, hängt letztlich vom pädagogischen Handeln der Lehrerinnen und Lehrer ab. In den Aggressionsstudien der letzten Jahre haben Schülerinnen und Schüler die Inkonsequenz der Erwachsenen besonders häufig als Ursache ihres Fehlverhaltens genannt. Wo Regeln verletzt werden, muss konsequent reagiert werden. Das Reaktionsspektrum reicht von grenzziehend-warnenden Normverdeutlichungen bei leichtgradigen Normverstößen bis hin zu Strafen bei wiederholten oder gravierenden Grenzüberschreitungen. Wenn Strafen dem Fehlverhalten angemessen sind und die Würde der Person nicht verletzen, sind sie auch wirksam. Je mehr auf Sanktionen verzichtet wird, desto stärker breiten sich in einer Schule Fehlverhaltensweisen aus und desto mehr wird Unrecht zum selbst definierten Recht. Das pädagogische Motto muss heißen:

- Hinsehen, nicht wegsehen!
- Hinhören, nicht weghören!
- Wenn nötig, eingreifen!

Schulordnung der Andeckschule Talheim

Unser Lebensraum ist die Andeckschule. Jeden Tag kommen Kinder, Jugendliche und Erwachsene hier zusammen und verbringen einen großen Teil des Tages miteinander.

Wie bei Sport und Spiel, so gelten auch bei uns „Spielregeln". Diese Regeln sind in unserer Schulordnung aufgeführt.

Besonders wichtig ist uns ein rücksichtsvolles Miteinander, damit sich bei uns alle wohlfühlen können.

Fair geht vor.

Allgemeine Regeln

Wir wollen

1. ...höflich und rücksichtsvoll miteinander umgehen. Wir wollen uns gegenseitig achten und grüßen.
2. ...Streitigkeiten im Gespräch lösen lernen. Auf Schimpfwörter und Gewaltanwendung verzichten wir. Auch Worte können verletzen.
3. ...uns gegenseitig helfen und unterstützen. Wir haben Mut, uns für Schwächere einzusetzen.
4. ...im Unterricht zusammenarbeiten und legen Wert auf ein freundliches, ansprechendes Klassenzimmer.
5. ...pünktlich sein und übernehmen Dienste innerhalb der Klasse gerne.
6. ...unseren Lebensraum Schule sauber halten und umweltbewusst behandeln.
7. ...mit eigenen und fremden Sachen sorgsam umgehen.

Im Einzelnen ist uns wichtig

Zum Unterricht

- Wir Schülerinnen und Schüler können ab 7.35 Uhr die Klassenzimmer betreten und beschäftigen uns leise. Eine Lehrkraft (Frühaufsicht) führt im Klassenzimmerbau Aufsicht. Im Treppenhaus verhalten wir uns ruhig. Wir gehen langsam und rücksichtsvoll.
- Der Unterricht beginnt um 7.45 Uhr.
- Fachräume, Schwimmbad und Turnhalle dürfen von uns nur in Anwesenheit der verantwortlichen Lehrkraft betreten werden (Sicherheitsbelehrung durch die Fachlehrer/innen).
- Ist spätestens 10 Minuten nach Unterrichtsbeginn die verantwortliche Lehrkraft noch nicht in der Klasse, melden die Klassensprecher/Klassenordner dies auf dem Rektorat.
- Jacken, Mäntel und Sporttaschen haben ihren Platz an der Garderobe, dies gilt auch für unsere Mützen.
- Während der Unterrichtszeit dürfen wir ohne ausdrückliche Erlaubnis einer Lehrkraft das Schulgelände nicht verlassen.
- Klassenzimmer und Fachräume werden von uns rasch nach Unterrichtsende aufgeräumt und aufgestuhlt.

Hausaufgaben müssen pünktlich, sorgfältig und vollständig erledigt werden.

- Abwesenheit und Krankheit müssen innerhalb von 3 Tagen dem Klassenlehrer/der Klassenlehrerin mitgeteilt werden (Entschuldigungspflicht).
- Auch das Fehlen im Schwimm- und Sportunterricht entschuldigen die Eltern schriftlich.
- Klassenlehrer/in und Klasse erarbeiten gemeinsam am Schuljahresbeginn eine Klassenordnung.

Pausenregelung

In den kleinen Pausen erholen wir uns und legen die Materialien für die nächste Stunde bereit.

Das Klassenzimmer verlassen wir

- um Fachräume aufzusuchen
- um zur Toilette zu gehen
- zur gezielten Bewegungs-Zwischenpause. Dabei achten wir darauf, dass wir andere Klassen nicht stören.
- um schulische Dienste zu erledigen

In der großen Pause ist uns wichtig

- viel Bewegung an der frischen Luft
- gesundes Pausenvesper
- gemeinschaftliches Spielen auf dem Pausenhof und Hartplatz

Ein Klingelzeichen beendet die große Pause.

Jeder geht ohne Schubsen und Drängeln in das betreffende Klassenzimmer.

Nur bei trockenem Wetter darf der Rasen betreten werden, denn bei Regenwetter beschmutzen wir die Teppichböden.

Umweltbewusst geht vor

Wir wollen

- ...Müll vermeiden; Vesperdosen und Getränkeflaschen helfen dabei.

- ...Müll trennen und umweltgerecht entsorgen. In jedem Klassenzimmer stehen verschieden farbige Müllbehälter.
- ...bei genügend hellem Tageslicht die Beleuchtung ausschalten.
- ...die Klassenräume entsprechend beheizen und ggf. gut lüften.
- ...nach Unterrichtsschluss alle Fenster schließen.

Auch das muss noch gesagt werden

- Unsere Bus fahrenden Schülerinnen und Schüler verhalten sich beim Ein- und Aussteigen und während der Fahrt rücksichtsvoll.
- Fahrräder werden in die Fahrradständer gestellt.
- Zigaretten und Alkohol sind im Schulhaus und auf dem Schulgelände verboten. Rauchen und Spucken ist bei uns verpönt.
- Werfen mit Steinen, Schneebällen und anderen Gegenständen ist gefährlich und deshalb verboten.
- Wir lehnen Dosengetränke ab. In den Klassen steht Mineralwasser als Durstlöscher bereit.
- Das Kaugummikauen ist auf dem Schulgelände verboten.
- Elektronische Spiel- und Unterhaltungsgeräte bleiben zu Hause.
- Inlineskates und Skateboard bleiben zu Hause. Einbeziehung in den Sportunterricht ist möglich.

Um uns als Schulgemeinde oder Klassengemeinschaft zu erleben und zu verstehen

1. ...erscheint in unregelmäßigen Abständen die Elterninformationsschrift „Andeck-Info“.
2. ...führen wir Schülerversammlungen durch. Anlässe dafür können sein:
   - Begrüßung oder Verabschiedung von Schülern/Schülerinnen bzw. Lehrern/Lehrerinnen
   - Würdigung besonderer schulischer Erlebnisse, Ereignisse und Leistungen
3. ...werden auftretende Schwierigkeiten zuerst auf Klassenebene angesprochen und wenn möglich gelöst.
4. ...haben die Schüler/innen die Möglichkeit, sich bei Problemen an den Verbindungslehrer/die Verbindungslehrerin zu wenden.
5. ...können Probleme übergeordneter Natur in den Schülerversammlungen zur Sprache kommen.
6. ...können bei gravierenden Verstößen gegen unsere Schulordnung Maßnahmen nach § 90 SchG getroffen werden.

Die Schulordnung wurde gemeinsam von Lehrern, Eltern und Schülern erarbeitet und von der Gesamtlehrerkonferenz und Schulkonferenz in dieser Form beschlossen.

Schulordnung der Cypress Lake High School in Fort Myers, Florida

Was ist eine gute Schule?

In einer guten Schule arbeiten Schüler und Lehrer, unterstützt von den Eltern, freundlich und diszipliniert an anerkannten Zielen, die gemeinsam entwickelt worden sind. Das Schulklima ist positiv und möglichst frei von Störungen, Streitigkeiten und Unruhe. Die Schüler, die Eltern und das Lehrerkollegium sorgen gemeinsam für eine gute Schule. Der Beitrag hierzu sieht so aus:

Die Schüler

- besuchen den Unterricht regelmäßig und pünktlich,
- bringen die notwendigen Lern- und Arbeitsmittel mit,
- sind verantwortlich für die Erledigung ihrer Lernarbeit,
- sind gepflegt, sauber und ordentlich,
- beteiligen sich aktiv am Schulleben,
- achten den anderen und sein Eigentum und verhalten sich umsichtig und verantwortlich,
- beschimpfen und beleidigen sich nicht,
- halten die Schulregeln ein und versuchen, sie auf vereinbarte Art und Weise weiterzuentwickeln.

Die Eltern

- achten auf den regelmäßigen Schulbesuch ihres Kindes und entschuldigen es gegebenenfalls,
- sorgen dafür, dass das Kind seine Lernarbeit ordentlich erledigen kann,
- sprechen mit den Lehrern regelmäßig über Verhalten und Leistungen,
- achten bei ihrem Kind auf Gepflegtheit, Sauberkeit und Ordentlichkeit,

- zeigen Interesse an den Schulveranstaltungen,
- sprechen mit ihrem Kind über Verhalten, Noten und Leistungsfortschritte,
- unterrichten die Schule über Probleme und Lernbeeinträchtigungen.

Die Schule

- spricht mit den Eltern über das Schulbesuchsverhalten des Schülers,
- sorgt für die notwendigen Lehrmittel,
- informiert die Eltern regelmäßig über Verhalten und Leistungen,
- bietet Beratung an, motiviert zur Ratsuche und praktiziert einen schülerzentrierten Unterricht,
- ermutigt die Schulgemeinschaft, sich an der Verbesserung der Schule zu beteiligen,
- fördert eine wirksame Schuldisziplin, die auf einer fairen und gleichen Behandlung aller beruht,
- verhält sich Schülern und Eltern gegenüber kooperativ und achtsam.

Schulprogramm

Ursprünglich waren Schulprogramme Tätigkeitsberichte, die im 19. Jahrhundert von den Schulleitern der Gymnasien zur Rechenschaft verfasst und der Schulbehörde vorgelegt wurden. Durch sie erhielt man Einblick in die Unterrichtsarbeit und in das Schulleben. Darüber hinaus befanden sich darin auch Abhandlungen einzelner Lehrer.

Heutzutage versteht man unter Schulprogramm ein verschriftlichtes pädagogisches Konzept, das die wesentlichen Zielvorstellungen und Arbeitsschwerpunkte einer Schule enthält (Risse 1998, Philipp/Rolff 1999). Man kann auch sagen, dass im Schulprogramm das pädagogische Selbstverständnis einer Schule zum Ausdruck kommt. Häufig entsteht es im Kontext eines Schulentwicklungsprozesses, an dem alle Schulpartner (Lehrer, Eltern, Schüler) beteiligt sein sollten.

Am Anfang einer Schulprogrammentwicklung muss ein breiter Konsens stehen, der an deutlichen Mehrheiten bei Abstimmungen der entsprechenden Schulgremien (Gesamtlehrerkonferenz, Schulkonferenz) ablesbar ist. Dann ist eine ehrliche Bestandsaufnahme der Schulsituation vonnöten. Darauf aufbauend müssen pädagogische und organisatorische Ziele und Visionen formuliert werden.

Ein Schulprogramm bzw. eine Vision hat nur dann eine Verwirklichungschance, wenn aus den Zielsetzungen konkrete Maßnahmen und Änderungsschritte abgeleitet werden, die kontinuierlich in den Schulalltag umzusetzen sind. Hierfür braucht man ein gutes Projektmanagement. Das heißt, es wird erstens geklärt werden, wer wann welche Schritte und Maßnahmen durchführt. Zweitens ist es unerlässlich, in regelmäßigen Abständen gemeinsam und ehrlich die Änderungsarbeit zu bilanzieren. Und drittens muss das Schulprogramm verschriftlich werden. Am besten erledigt diesen Auftrag eine Redaktionsgruppe, die hierfür vom Kollegium bzw. von der Schulkonferenz einen Auftrag erhält. Ihr Entwurf geht wieder an die Gremien zurück, mit der Bitte, ihn kritisch zu lesen und gegebenenfalls mit Änderungswünschen zu versehen. Die gesamte Prozedur endet damit, dass das Schulprogramm von der Gesamtlehrerkonferenz und der Schulkonferenz offiziell verabschiedet wird.

Eine Schule tut gut daran, die Programmentwicklung nicht selbst anzupacken, sondern mit Hilfe externer Begleitung durch eine Schulbe-

raterin oder einen Schulberater. Ansonsten drohen Programmabstürze und schwer lösbare Prozesskonflikte.
Aufgrund des raschen externen und internen Wandels sollte ein Schulprogramm spätestens nach 5-7 Jahren überprüft bzw. überholt werden.

Schulprogramm der Janusz-Korczak-Gesamtschule Castrop-Rauxel

Lernen in Zusammenhängen

Ein wesentlicher Schwerpunkt der pädagogischen Arbeit an der JKG ist das Lernen in Zusammenhängen. Ein erster Schritt zur Abkehr von der fachschubladenorientierten Wissensvermittlung war die frühzeitige Hinwendung zu fachübergreifenden integrativen Unterrichtsmodellen. Integriert unterrichtet wird heute im Kernbereich in den Fachbereichen Gesellschaftslehre (Jahrgang 5 - 10), Naturwissenschaften (Jahrgang 5 und 6, ein weiterer Ausbau wird im Rahmen der Umsetzung der neuen Richtlinien erfolgen) sowie im Wahlpflichtbereich I (Naturwissenschaften, Arbeitslehre, Darstellen & Gestalten; jeweils durchgängig von Jahrgang 7 - 10). Ergänzt wird diese fachbereichsbezogene Integration durch fachbereichsübergreifende Projektphasen und Absprachen (z.B. Festlegung von verbindlich zu behandelnden Oberthemen in den einzelnen Oberstufenkursen).

Handlungsorientierung

Ein zweiter Schwerpunkt liegt in der weitgehend handlungsorientierten Ausrichtung des Unterrichts. Um die dafür erforderlichen Zeiträume zu schaffen, werden seit dem Schuljahr 96/97 neben den fach(bereichs)übergreifenden Projektphasen in den Jahrgängen 5 und 6 einige Fächer in mehrwöchigen Epochalphasen unterrichtet, in denen diesen Fächern ein zusammenhängender 4 Std.-Block pro Woche für Kleinprojekte, Unterrichtsgänge oder aufwendigere praktische Arbeiten zur Verfügung steht.

Teamarbeit

In nahezu allen gesellschaftlichen Bereichen wird heute Teamkompetenz und die Fähigkeit und Bereitschaft zu selbständigem Arbeiten und Lernen gefordert. Daher nimmt in den schulinternen Lehrplänen die Erlangung von Methodenkompetenz einen wichtigen Platz ein und wird in den Arbeitsstunden mit dem PWL-Konzept (Plane Was/Wie du Lernst) gefördert.

Das gemeinsame Arbeiten in der Tischgruppe, die die Regel-Sitzordnung in allen Fächern und Jahrgangsstufen darstellt, wird in der Klasse 5 durch das Tischgruppentraining vorbereitet, für das die zwei Förderstunden im ersten Halbjahr der Klasse 5 ausschließlich verwendet werden.

Auch die Lehrerinnen und Lehrer arbeiten im Team: So wird jede Klasse von einem Doppelklassenlehrer/innen-Team betreut.

Alle Klassenlehrerinnen und -lehrer eines Jahrgangs bilden ein Jahrgangsteam, das pädagogische und organisatorische Fragen gemeinsam berät. Das Jahrgangsteam insgesamt bildet auch das erste Beratungsnetz für die Schülerinnen und Schüler des Jahrgangs.

Verantwortung übernehmen
(z.B. Klassenparlament und Streitschlichtung)

An der JKG gibt es die Einrichtung eines regelmäßigen Klassenparlaments, in dem Angelegenheiten der Klasse besprochen und verbindlich geregelt werden. Geplant ist die Ausweitung der Schülermitarbeit bei der Schlichtung von Streitigkeiten unter Schülern/innen, die bisher weitgehend auf das Klassenparlament beschränkt ist. Dazu sollen Schülerinnen und Schüler als Streitschlichter/innen ausgebildet werden, die von den streitenden Parteien als Vermittler gewählt werden können.

Fordern und Fördern

Das Forder- & Förderprogramm der JKG basiert auf der Erfahrung, dass Lernprobleme zumeist weniger in mangelndem Leistungsvermögen, sondern in Fehlern bei der Arbeitsorganisation, fehlender Selbstsicherheit, Konzentrationsschwächen, ausgeprägtem Bewegungsdrang usw. begründet liegen.

Da traditionelle Fachförderkonzepte hier versagen, stellt das Forder- & Förderprogramm der JKG allgemeine Arbeitstechniken, Konzentrations- und Entspannungsübungen in den Vordergrund. Das FF-Programm ist zudem so ausgelegt, dass nicht nur schwächere Schülerinnen und Schüler gefördert, sondern auch stärkere gefordert werden.

http://www.jkge.de/seite/schulp.html

Schulleitbild

Eine Schule braucht klare sichtbare Orientierungen für alle Schulmitglieder. Grundlegende Schulziele fasst man am besten in Form eines Schulleitbildes zusammen.

Im Schulleitbild werden die wichtigsten Schulziele in Form von Leitsätzen verschriftlicht. Es ist kürzer gefasst als das Schulprogramm. Man kann es auch als die Visitenkarte der Schule bezeichnen.

Das Leitbild soll ebenso wie das Schulprogramm unter Beteiligung und Mitwirkung möglichst vieler entstehen. Das heißt, dass dies die Lehrerschaft nicht allein tut, sondern Eltern- und Schülerschaft sich ebenso in diesen Prozess einbringen. Folgende Schritte sind zu empfehlen:

1. Konsens in den Gremien herstellen (Gesamtlehrerkonferenz, Schulkonferenz, SMV)
2. Bildung einer paritätisch zusammengesetzten Steuerungsgruppe
3. Bestandsaufnahme der Schulsituation (z.B. mit dem IFS-Schulbarometer)
4. Entwicklung einer Schulvision
5. Formulierung von daraus abgeleiteten Leitsätzen
6. Erstellung eines Leitbildentwurfs durch eine Redaktionsgruppe
7. Verabschiedung durch die Schulgremien
8. Druck und Multiplikation des Leitbildes innerhalb und außerhalb der Schule

Wer sich zum Ziel setzt, das papierne Leitbild in den Alltag umzusetzen, tut gut daran, dies zu einem späteren Zeitpunkt zu evaluieren. Konkret heißt dies, spätestens nach 2 Jahren zu bilanzieren, was tatsächlich verwirklicht werden konnte und was immer noch zu wünschen übrig lässt.

Schulleitbild der Heinrich-Hertz-Realschule Quickborn

Wir, Lehrerinnen und Lehrer, Schülerinnen und Schüler, Schulpersonal und Eltern, betrachten die Heinrich-Hertz-Realschule Quickborn als unsere Schule. Gemeinsam gestalten wir eine Schule, in der wir uns wohl fühlen und mit der wir uns identifizieren.

Unsere Schule zeichnet sich aus durch Unterricht, der Leistung fordert und Leistungsbereitschaft fördert, soziales Verhalten trainiert und der Persönlichkeitsentwicklung unserer Schülerinnen und Schüler dient. Dies geschieht in einer Atmosphäre gegenseitiger Achtung, Aufrichtigkeit und Offenheit. Verantwortungsbewusstsein, Teamfähigkeit und vertrauensvoller Umgang miteinander sind Ziele unserer pädagogischen Arbeit.

Die Schule vermittelt eine für Beruf und weiterführende Schule tragfähige Bildung, die die Anforderungen der gesellschaftlichen und wirtschaftlichen Veränderungen berücksichtigt. Schülerinnen und Schüler werden angeleitet, selbstständig, kreativ, kooperativ und praxisbezogen zu arbeiten.

Unsere Schule bereitet Schülerinnen und Schüler auf ein eigenverantwortlich gestaltetes Leben vor. Sie erwerben Fachwissen und Kompetenzen, die ihnen Selbstbewusstsein, Flexibilität und Selbstständigkeit ermöglichen.

http://www.hhrsq.de/leitbild.htm

Schulprofil

Das Wort „Profil" hat verschiedene Bedeutungen: Seitenansicht eines Gesichts, Schnittfläche durch einen Körper, Umriss, stark ausgeprägte persönliche Eigenart, Gesamtheit von positiven Eigenschaften, die typisch für etwas sind.

Unter Schulprofil versteht man das Charakterbild einer Schule. In ihm kommen die Besonderheiten einer einzelnen Schule zum Ausdruck. Durch das Schulprofil macht sich die Schule von anderen Schulen unterscheidbar. Dies sei am Beispiel des Isolde-Kurz-Gymnasiums in Reutlingen verdeutlicht, das seine identitätsstiftenden Merkmale in der Schul-Homepage (http://www.ikg.rt.bw.schule.de/) so beschrieben hat:

1. Besondere außerunterrichtliche Veranstaltungen
   - ein intensiver Schüleraustausch mit dem Gymnasium Dresden-

Plauen sowie osteuropäischen Partnerschulen in Warschau und Moskau
- eine große und aktive Theater-AG mit erfolgreichen jährlichen Aufführungen
- eine rege Chor- und Orchesterarbeit in Unter- und Oberstufe mit regelmäßigen Aufführungen
- ein Projektprogramm für die 11. Klassen mit dem Thema „Teilhabe an aktuellen zeitgeschichtlichen Entwicklungen“

2. Kooperationskreis „Grundschule-Gymnasium“ mit einem jährlichen Programm für die neuen Fünftklässlerinnen und Fünftklässler
3. Erprobung neuer Unterrichts- und Arbeitsformen (Freiarbeit, Projektarbeit)
4. Gezielte Förderung der Methoden- und Sozialkompetenz in den Klassen 5 und 6
5. Mittelstufenpädagogik (Erziehungskonzept für die Klassen 7-10)
6. Modellversuch „Mobiles Klassenzimmer“ (LAPTOP-Klasse)
7. Kooperativer Führungsstil und Eigenverantwortlichkeit der Lehrerinnen und Lehrer
8. Innovative Offenheit des Kollegiums durch Information und Kommunikation
9. Medellin-Projekt (Unterstützung der Sozial- und Jugendarbeit des Ordens der Carmelitas Teresas und der gemeinnützigen Initiative Superarse in Medellin/Kolumbien)

Synonym kann man auch von Schulidentität oder Corporate Identity (CI) sprechen. Dieser Begriff stammt aus der Marketing-Sprache. Dort ist mit CI das Erscheinungsbild eines Unternehmens in der Öffentlichkeit gemeint. Es ergibt sich aus drei Faktoren:

- Verhalten und Auftreten (Corporate Culture),
- Gestaltungsformen (Corporate Design),
- Informationsarbeit (Corporate Communication).

Zu fragen ist, wie ein Schulprofil entsteht. Zunächst einmal profiliert sich eine Schule durch alles, was von außen wahrgenommen werden kann – vom Unterricht über die Gestaltung der Schulumwelt bis hin zum Schulleben. In diesem Falle spricht man von einer natürlichen Profilentwicklung.

Wenn eine Schule durch innovative Projekte, durch ein Schulprogramm oder durch ein Schulleitbild sich systematisch erneuert, liegt eine geplante Profilentwicklung vor. Und wenn die Schule das Gute, das sie dabei leistet, augenfällig macht durch Broschüren, Schulmotto, Schullogo, Tage der offenen Tür, kulturelle Veranstaltungen, Projektpräsentationen und Presseberichte, ist die Chance groß, dass die Schulkunden dies wahrnehmen und positiv bewerten.

Die geplante Profilentwicklung auf der Basis eines CI-Konzepts wird dort wichtig, wo sich Schulen in einer marktähnlichen Situation um Schülerinnen und Schüler bemühen müssen. Wer die Nachfrage günstig beeinflussen möchte, muss etwas für sein Profil tun. Wer der Meinung ist, dass die Schule am Markt gut positioniert ist und dies durch gute Nachfragezahlen belegen kann, muss nicht unbedingt intensives Schulmarketing betreiben. Dennoch sollte auch eine solche Schule in größeren Intervallen ihr Image durch eine Kundenbefragung überprüfen. Die Gefahr ist nämlich nicht gering, dass eine trügerische Selbstsicherheit entsteht und deshalb auf Änderungsprozesse verzichtet wird.

Zum Nachdenken

Drei Maurer arbeiten an einer Kathedrale. Ein Vorübergehender fragt den ersten, was er da tut.
Die mürrische Antwort: „Na – sehen se doch. Ich maure."
Ein paar Schritte weiter arbeitet der zweite Maurer. Auch er wird gefragt – und antwortet: „Ich ziehe eine Mauer hoch."
Schließlich die gleiche Frage an den dritten Maurer. Der sagt voller Stolz: „Ich helfe eine Kathedrale bauen."

Connie Zweig und Jeremiah Abrams

Weiterführende Literatur

Lohmann, A./Hajek, M./Döbrich, P.: Identität und Schulprogramm. Die Steinwaldschule: Der Weg zum selbstständigen und sozialen Lernen. Lichtenau: AOL-Verlag 1997.

Philipp, E./Rolff, H.-G.: Schulprogramme und Leitbilder entwickeln. Ein Arbeitsbuch. Weinheim und Basel: Beltz 1999 (3. Aufl.).

Risse, E. (Hrsg.): Schulprogramm. Entwicklung und Evaluation. Neuwied: Luchterhand 1998.

5. Gute Kommunikation und Kooperation

„Auf dem Boden förderlicher Beziehungen können wir leichter miteinander arbeiten."

Reinhold Miller

Durch Kommunikation treten Menschen miteinander in Beziehung - innerhalb der Schule und außerhalb der Schule. Die Schule ist physikalisch und psychologisch ein enger, verdichteter Raum. Aufgrund dieser engen Bezogenheit ist es schier unmöglich, nicht zu kommunizieren. Selbst, wenn jemand schweigt, ist dies schon wieder eine Mitteilung - so der Kommunikationspsychologe Paul Watzlawick.

Die schulische Kommunikation und Kooperation ereignet sich auf folgenden vier Ebenen:

- Lehrer-Schüler-Kommunikation
- Lehrer-Eltern-Kommunikation
- Schüler-Schüler-Kommunikation
- Lehrer-Lehrer-Kommunikation

Auf diesen Beziehungsebenen treten immer wieder Schwierigkeiten auf, was menschlich, allzu menschlich ist. Sie werden dann schädlich, wenn sie sich nicht lösen lassen und überhand nehmen. Dann wird irgendwann ein Störungsgrad erreicht, der unweigerlich das Arbeitsklima und die Arbeitsergebnisse zum Nachteil aller Schulpartner beeinträchtigt. Wie durch kleine Entwicklungs-Schritte die Kommunikationskultur gepflegt werden kann, wird im Folgenden aufgezeigt.

Lehrer-Schüler-Kommunikation

Schülerinnen und Schüler verbringen während ihrer Schulzeit circa 15000 Stunden in der Schule. Dort sind Lehrerinnen und Lehrer ihre wichtigsten Bezugspersonen. Die Lehrer-Schüler-Beziehung hat eine asymmetrische Struktur. Während die Lehrperson explizit das Recht hat, Schülerinnen und Schülern Aufträge und Weisungen zu erteilen oder sie für ein Fehlverhalten zu sanktionieren, sind den Heranwachsenden diese Möglichkeiten nicht gegeben. Andererseits ist diese „schiefe" Beziehung kein Willkürverhältnis. Die Schülerinnen und Schüler haben nämlich ein Anrecht darauf, dass die Lehrperson ihre Würde als Mensch achtet und sie körperlich und seelisch nicht verletzt.

Obwohl viele Lehrerinnen und Lehrer um eine partnerschaftliche Beziehung zu den Schülerinnen und Schülern bemüht sind, geraten sie immer wieder in Rollenkonflikte. Und zwar deshalb, weil sie nicht umhin kommen, die Leistungs- und Verhaltenserwartungen der Institution Schule durchzusetzen.

Beim Blick auf die tägliche Lehrer-Schüler-Kommunikation fallen dem Beobachter nicht nur Rollenkonflikte auf, sondern auch Kommunikationsstörungen. Denn wie jede menschliche Beziehung ist auch die Lehrer-Schüler-Beziehung prinzipiell störanfällig. Aus Lehrersicht werden an typischen Kommunikationsproblemen immer wieder genannt:

- Verbalaggressionen (Beschimpfung, Beleidigung, Kränkung),
- Unhöflichkeit,
- Überempfindlichkeit (Unfähigkeit, Kritik zu ertragen),
- mangelnde Gesprächsbereitschaft,
- generelle Ablehnung.

Aus Schülergesprächen und aus Schülerumfragen gehen folgende Störfaktoren hervor:

- Verbalaggressionen (Killerbotschaften, Ehrverletzungen, Kränkungen),
- Bloßstellungen vor der Klasse,
- Einbahnkommunikation,
- überfordernder Leistungsdruck,
- zu starke Stofforientierung,
- ungerechtfertigte Kritik,
- ungerechte Benotung,
- Benachteiligung,
- mangelndes Einfühlungsvermögen,
- mangelnde Gesprächsbereitschaft,
- Überempfindlichkeit.

Im Sinne gemeinsamer Seelenhygiene sind Lehrende und Lernende auf ein gutes Kommunikationsklima angewiesen. Dieses kann schon dadurch geschaffen werden, dass Lehrpersonen sich um eine menschliche Grundeinstellung zu den Schülerinnen und Schülern bemühen. Darunter ist zu verstehen, dass sie

- Schülerinnen und Schüler ungeachtet ihrer Schwierigkeiten als Menschen achten,
- Schülerinnen und Schüler aus deren Innenwelt zu verstehen versuchen (Perspektivenwechsel),
- in die pädagogische Beziehung ein Mindestmaß emotionaler Wärme einbringen.

Viel kommunikationsfördernde Wirkung entsteht auch, wenn Lehrerinnen und Lehrer Killerbotschaften vermeiden. Unter Killerbotschaften versteht man Ehrverletzungen, Herabwürdigungen, Bloßstellungen, Kränkungen. In kritischen Konfliktsituationen erfordert dies von der Lehrperson ein hohes Maß an Affektkontrolle, denn manche Schülerinnen und Schüler provozieren bewusst, um Spannungen abzubauen oder um Grenzen auszutesten. Statt einer Gegenaggression sollte die Lehrperson dem Grenzverletzer die Tatsache der Grenzüberschreitung verdeutlichen und mit ihrer ganzen Betroffenheit zurückmelden, was dieser in ihm ausgelöst hat. Schafft eine Lehrperson es in einer Konfliktsituation nicht, ihre Affekte zu kontrollieren, und fügt sie der Schülerin oder dem Schüler eine psychische Verletzung zu, tut sie gut daran, sich zu entschuldigen und um Verzeihung zu bitten. Die Gefahr, dass sie dadurch ihre Position schwächt, ist gering. Eher das Gegenteil wird der Fall sein. Die Schülerinnen und Schüler erleben die Lehrperson als einen Menschen, der einen Fehler eingesteht, der die Schülerinnen und Schüler als Mitmenschen ernst nimmt und Kränkungen wiedergutmachen möchte. Ihr Verhalten kann somit auch zum Vorbild für die Lösung von Schüler-Schüler-Konflikten werden.

Da das Kommunikationsbedürfnis vieler Schülerinnen und Schüler zu Hause nicht mehr optimal befriedigt wird, sind Lehrerinnen und Lehrer zu einem sehr wichtigen Kommunikationspartner geworden. Obwohl der Lehrperson die Rolle des Ersatzvaters oder der Ersatzmutter nicht zugemutet werden kann, sollte sie ein offenes Ohr für Schülerprobleme haben und zum Gespräch bereit sein. Die wesentliche Aufgabe ist dabei die des aktiven Zuhörens. Das heißt, dass die Lehrperson konzentriert zuhört, Probleme aus der Innenwelt der Schülerinnen und Schüler zu verstehen sucht und das emotional Wichtige in eigenen Worten zusammenfasst. Wo nötig, gibt sie Schülerinnen und Schülern auch Ratschläge und weist auf Auswege ihn.

Lehrer-Schüler-Dialogrunde

Führen Sie mit Ihren Schülerinnen und Schülern eine Dialogrunde zur Lehrer-Schüler-Beziehung durch. Sie sitzen mit den Schülerinnen und Schülern im Kreis. Die Grundregeln des Dialogs lauten:

- Sprecht aus dem Herzen!
- Fasst euch kurz!

Die Lehrperson nimmt einen Redestein und sagt, was ihr an der Beziehung zur Klasse gefällt und was nicht. Sie gibt den Redestein weiter. Jeder darf sich, muss sich aber nicht zur aktuellen Schüler-Lehrer-Beziehung äußern:

- Was gefällt mir?
- Was gefällt mir nicht?

Während dieser Dialog-Runde schreibt eine Schülerin oder ein Schüler an der Tafel oder auf einem Flipchart die Positiv- und Negativpunkte mit. In einer zweiten Gesprächsrunde werden Vorschläge zur Verbesserung der Lehrer-Schüler-Beziehung gesammelt und an der Tafel oder auf dem Flipchart visualisiert. Auch hier wandert nach derselben Regel der Redestein im Kreis herum. Abschließend einigen sich Lehrperson und Klasse im Konsensgespräch darauf, was vordringlich verbessert werden muss. Darüber wird eine Zielvereinbarung getroffen, deren Umsetzung zu einem späteren Zeitpunkt gemeinsam bilanziert wird.

Eine Alternative zur Dialog-Runde ist die Kartenabfrage. Die Schülerinnen und Schüler schreiben auf Moderationskarten, was ihnen an der aktuellen Lehrer-Schüler-Beziehung gefällt (grüne Karten) und was nicht (rote Karten). Auf eine Karte darf nur ein Stichwort geschrieben werden. Anschließend werden die Karten auf Stellwänden thematisch gruppiert und mit Oberbegriffen versehen. Danach notieren die Schülerinnen und Schüler Verbesserungsvorschläge (ein Vorschlag pro Karte). Durch Punktvergabe wird nun ermittelt, was der wichtigste Verbesserungsschritt ist (Punktzahl pro Schülerin, Schüler: Anzahl der

Verbesserungsvorschläge geteilt durch zwei). Auch bei diesem Verfahren gibt es eine Zielvereinbarung, die ein paar Wochen später gemeinsam überprüft wird.

Lehrer-Eltern-Kommunikation

Die Schule ist eine Institution der Gesellschaft, in deren Auftrag Wissen, Fähigkeiten, Fertigkeiten und Werte vermittelt werden. Eigentlich sollte zwischen Lehrern und Eltern kein Machtgefälle bestehen, sondern beide sollten zum Wohle der Entwicklung von Kindern und Jugendlichen miteinander kommunizieren und kooperieren. Dennoch ist auch diese schulische Beziehungsebene störbar. Aus Elternsicht ist eine Kommunikationsbarriere mangelndes Interesse. Sicherlich nicht die Mehrheit, aber ein Teil der Lehrerschaft scheint einer engeren und intensiveren Kommunikation mit dem Elternhaus distanziert gegenüber zu stehen. Damit einher gehen häufig mangelnde Transparenz und Information. Zum einen kann sich dies darin äußern, dass die Klassenleitung die Klassenelternschaft nur mangelhaft über das Leistungs- und Verhaltensgeschehen informiert. Zum anderen kann es auch sein, dass die Schulleitung den Elternbeirat auf Distanz hält und zu wenig informiert und beteiligt. Dann geraten Lehrkräfte und Eltern bisweilen in Konflikt, wenn unterschiedliche Auffassungen über Benotungen oder Verhaltenssanktionen bestehen. Sehr nachteilig wirkt es sich in solchen Konfliktsituationen aus, wenn Lehrerinnen und Lehrer ihren Standpunkt auf eine verbalaggressive Art durchzusetzen versuchen.

Aber nicht nur Lehrerinnen und Lehrer, sondern auch Eltern können Probleme verursachen. Aus Lehrersicht wird relativ häufig die Schulabstinenz mancher Eltern genannt. Es handelt sich um Eltern, die vielleicht aus eigenen negativen Schulerfahrungen der Schule ablehnend gegenüber stehen, notwendigen Gesprächen gezielt aus dem Weg gehen und Elternabenden fernbleiben. Probleme bereiten auch Eltern, die zwar vordergründig schulinteressiert sind, aber im Elterngespräch familiäre Informationen, die für die Lösung von Lern- und Verhaltensproblemen wichtig wären, der Schule vorenthalten. Schwierigkeiten erzeugen schließlich Eltern, die Konflikte mit Aggressivität zu lösen versuchen. Dies kann so weit gehen, dass Lehrerinnen und Lehrer bedroht oder gar körperlich angegriffen werden.

Eine gute Lehrer-Eltern-Kommunikation setzt zunächst voraus, dass beide Kommunikationspartner sich gegenseitig achten, zum Zuhören bereit sind und den anderen aus dessen Perspektive zu verstehen versuchen. Hinzu muss die Einsicht kommen, dass Konflikte nicht machtorientiert, sondern im vernunftgeleiteten Dialog lösbar sind.

Kommunikationsproblemen kann sehr wirksam am Schuljahresbeginn vorgebeugt werden, wenn der Klassenlehrer die Chance wahrnimmt, durch einen motivierenden Elternabend den Eltern den Sinn für das gemeinsame Ganze zu vermitteln, und eine Atmosphäre des Vertrauens herstellen kann. Können die Eltern seine Gesprächsbereitschaft deutlich wahrnehmen und verschwinden im Gefolge davon ihre eigenen Schulängste, sind die Kommunikations- und Kooperationsbrücken gebaut. Darüber hinaus sollte er sich regelmäßig mit den beiden Klassenelternvertretern austauschen und in Zusammenarbeit mit ihnen während des Schuljahres Begegnungen organisieren, die nicht nur aus den Elternabenden bestehen, sondern auch aus gemeinsamen Festen (z.B. Grillfest). Sehr förderlich für die gemeinsame Erziehung ist es, wenn die Elternabende dazu genutzt werden, erziehungspraktische Informationen zu vermitteln (s. Keller 1999c).

Was sich auf der Klassenebene anbahnt, muss auf der Schulebene fortgesetzt werden. Dreh- und Angelpunkt ist das regelmäßige Gespräch zwischen Schulleitung und Elternbeirat. Stimmen Häufigkeit und Qualität dieser Kommunikation, kann daraus ein positives Arbeitsklima entstehen. Wichtig für dessen Entstehung ist, dass die Schulleitung den Elternbeirat ernst nimmt, seine Personen und deren Rechte achtet und die Elternschaft dazu motiviert, die Schulkultur aktiv mitzugestalten.

Kundenbefragung

Die Eltern fühlen sich als Kunden der Schule sehr ernst genommen, wenn man mit ihnen eine Kundenbefragung durchführt, am besten auf Klassenebene an einem Elternabend. Zunächst werden zwei Leitfragen gestellt:

- Was finden wir an der pädagogischen Arbeit in dieser Klasse gut?
- Was finden wir nicht gut?

Zur Beantwortung werden Moderationskarten ausgeteilt – grüne Karten für die Positivantworten und rote Karten für die Negativantworten.

Pro Karte sollte mit einem strichstarken Filzstift jeweils nur ein Stichpunkt notiert werden. Anschließend werden die Karten auf Stellwänden gruppiert. Die Eltern haben Gelegenheit, einzelne Antworten zu erläutern. Im Anschluss an die Bestandsaufnahme bewerten die Eltern mit Klebepunkten, was sich vordringlich verändern sollte.

Es wäre sehr von Vorteil, wenn das Lehrerteam, das diese Klasse unterrichtet, anwesend wäre. In diesem Falle könnten Änderungswünsche, die den Unterricht in den einzelnen Fächern betreffen, direkt besprochen werden.

Falls nur die Klassenlehrerin oder der Klassenlehrer anwesend ist, kann sie/er sie/ihn direkt betreffende Probleme klären und entsprechende Zielvereinbarungen treffen. An Kolleginnen und Kollegen gerichtete Änderungswünsche übermittelt sie/er nach dem Elternabend im persönlichen Gespräch oder in einer Klassenkonferenz und bespricht deren Umsetzbarkeit.

Schüler-Schüler-Kommunikation

Obwohl sich Schülerinnen und Schüler in ihren täglichen Gesprächen viel Sachliches mitteilen, liegt der Schwerpunkt der Kommunikationsinhalte eher im Gefühls- und Beziehungsbereich. Sie erzählen sich Erlebnisse, Freuden, Sorgen und Ängste. Sie melden in einer sehr direkten Form zurück, was sie voneinander halten. Solche Rückmeldungen können sehr positiv sein bis hin zu Liebesbekundungen in der Zeit der Pubertät. Und sie können sehr beleidigend, bedrohend und verletzend sein bis zur Schwelle, ab der die destruktiven Botschaften in körperliche Gewalt übergehen. In den letzten Jahren ist in verschiedenen Bestandsaufnahmen immer wieder festgestellt worden, dass die zuletzt genannte Variante der Schüler-Schüler-Kommunikation häufiger auftritt. Das heißt, dass eine Verrohung des jugendlichen Sprachverhaltens um sich greift. Diese Diagnose ist nicht falsch, sie differenziert aber zu wenig zwischen der aggressiv erscheinenden Kommunikation, die eher einen spielerisch-kontaktierenden Charakter hat, und der bösartigen Kommunikation, die dem Nächsten ganz gezielt psychischen Schaden zufügen möchte.

In den kritischen Analysen des jugendlichen Sprachverhaltens wird gleichzeitig auch konstatiert, dass ein Defizit an positiven sozialkommunikativen Ritualen wie das Grüßen, Verabschieden, Entschuldigen, Verzeihen, höfliche Bitten und Fragen besteht.

Da die Schule auf keinen Fall voraussetzen kann, dass Schülerinnen und Schüler von zu Hause ein voll entwickeltes, positives Sozialverhalten mitbringen, muss sie sich an der Förderung des Kommunikationsverhaltens beteiligen. Zunächst bedeutet dies, dass man dort, wo Schülerinnen und Schüler Grundregeln der humanen Kommunikation verletzen, Grenzen zieht. Der Schüler, der den anderen psychisch verletzt, muss erkennen lernen, wo die Grenzen der Mitmenschlichkeit verlaufen. In solchen Situationen sollte man sich nicht davor scheuen, den Aggressor zur Entschuldigung und Wiedergutmachung aufzufordern.

Diese reaktiv-grenzziehenden Maßnahmen reichen jedoch nicht aus. Wer langfristig eine positive Kommunikationskultur aufbauen möchte, kommt um die Einübung von Kommunikationsregeln nicht herum. Dorthin führen zwei Wege. Der erste Weg ist der des entdeckenden Regellernens. Dies beginnt damit, dass der Klassenlehrer die Schüler darum bittet, Regeln zu erarbeiten bzw. zu nennen, nach denen eine Kommunikation wunschgemäß ablaufen soll. Endprodukte dieses Lernprozesses ist ein Gesprächskodex (s.u.).

Der zweite Weg besteht darin, dass in höheren Klassen bewährte Regelsysteme wie zum Beispiel das der Themenzentrierten Interaktion (TZI) von Ruth Cohn (1997) zum Bezugsrahmen gewählt werden – und zwar sowohl für die Lehrer-Schüler-Kommunikation als auch für die Schüler-Schüler-Kommunikation. Die wichtigsten TZI-Regeln lauten:

1. Ich bin mein eigener Chairman. Ich bestimme selbst, wann und was ich sagen will und wann ich schweigen will.
2. Störungen haben Vorrang. Ich unterbreche das Gespräch, wenn ich nicht wirklich teilnehmen kann.
3. In meinen Aussagen vertrete ich mich selbst. Ich spreche per „ich" und nicht per „wir" und „man".
4. Ich stelle nur dann Fragen, wenn ich ein wirkliches Verlangen nach Information habe.
5. Ich achte auf die Sprache des Körpers bei mir und bei anderen.
6. Ich versuche, so aufrichtig wie möglich zu sein.
7. Ich sehe mich und den anderen so, wie wir wirklich sind, und nicht so, wie ich uns sehen möchte.

8. Wenn ein anderer spricht, höre ich ihm konzentriert zu.
9. Ich spreche nicht über andere, sondern rede sie direkt an, wenn mich etwas stört.
10. Ich vermeide Verallgemeinerungen und Klischees.

Der dritte Weg ist das Training kommunikativer Einzelfertigkeiten in Form von Übungsbausteinen (s. Klippert 2000a, Miller 1998 und 1999b). Besonders geübt werden sollten das verständnisvolle Zuhören, das Entschlüsseln von Botschaften, das Fragen, das Rückmelden, das freie Erzählen, das Vortragen, das Diskutieren, das Gruppengespräch und das Leiten von Gesprächen.

Gesprächskodex

Die Schülerinnen und Schüler werden aufgefordert, auf Karten Erwartungen an das gemeinsame Kommunikationsverhalten zu notieren (z.B. „Ich möchte, dass ich im Gespräch nicht unterbrochen werde."). Diese Karten werden dann vorgelesen, auf einer Pinnwand befestigt und regelartig zusammengefasst. Die sich daraus ergebenden Regeln werden auf ein Poster geschrieben, das im Klassenzimmer aufgehängt wird. Die Klasse setzt sich zum Ziel, diese Regeln in den kommenden Monaten zu verwirklichen. In regelmäßigen Abständen bilanziert der Klassenlehrer in einem Klassengespräch das Kommunikationsverhalten der zurückliegenden Wochen. Darüber hinaus nimmt er auf das Regelposter Bezug, wenn aktuell Regeln gravierend verletzt worden sind.

Lehrer-Lehrer-Kommunikation

Das Lehrerkollegium ist das Herz jeder Schule. Es muss den Kreislauf des seelisch-sozialen Organismus „Schule" aufrechterhalten. Geht es dem Herz der Schule schlecht, leidet darunter auch die ganze Schule. Können die Kolleginnen und Kollegen gut miteinander, wirkt sich dies auch positiv auf das Schulklima aus.

Kommuniziert wird im Kollegium in unterschiedlichen Kontexten. Ein großer Kontextbereich sind die formellen Beziehungen (Konferenzen, Dienstbesprechungen, Beurteilungsgespräche). Ein mindestens ebenso großer Kontextbereich sind die informellen Beziehungen (Pausengespräche, Freistundengespräche, Feiern, gemeinsame Unterrichtsplanung, gemeinsame Materialherstellung, gegenseitige Hospitation).

Wenn zwei Kollegen miteinander reden, so hat diese Kommunikation immer einen Inhalts- und einen Beziehungsaspekt (Watzlawicks zweites Axiom). Das heißt, es kommt nicht nur darauf an, was gesagt wird, sondern auch und vor allem darauf, wie es gesagt wird. Letzteres beherrscht die Bewertung der Botschaft. Sind die beiden Ebenen nicht kongruent, entsteht eine Kommunikationsstörung. Die Verwechslung von Sachebene und Beziehungsebene ist sicherlich mit die größte Kommunikationsbarriere. Im Folgenden möchte ich weitere nennen, die bei der Ist-Analyse kollegialer Kommunikation immer wieder genannt werden:

Kränkungen

Im Eifer täglicher Konflikte kommt es immer wieder zu destruktiven, entmutigenden Äußerungen, die sich nicht primär auf ein Fehlverhalten richten, sondern auf den Selbstwert des Konfliktpartners. Ein Kollege sagt zu seiner führungsschwachen Kollegin: „Sie haben Ihren Beruf verfehlt." Solche Giftpfeile ins persönliche Zentrum des Mitmenschen gipfeln nicht selten im Mobbing.

Imponiergehabe

Manche Menschen zeigen sich ganz gern von ihrer besten Seite nach dem Motto: „Seht her, wer ich bin. Egal, welche Klasse, ich habe sie alle im Griff." Sie lassen sich im hellen Licht erscheinen und sichern somit ihren Selbstwert. Und zwar auf Kosten derjenigen, die solche Strategien nicht beherrschen.

Verschlossenheit

Machen sich in einem Kollegium Imponierwettbewerbe breit, wird bei eher ängstlichen Personen ein persönliches Sicherungssystem in Gang gesetzt. Negativ empfundene Anteile der eigenen Person, aktuelle Schwierigkeiten werden verborgen und getarnt. Der „Verschlossene" sagt zu sich: „Über Schwierigkeiten mit Schülern spreche ich nicht, die könnten mich für eine Versagerin halten."

Tratsch/Gerüchte

Je mehr sich einzelne Kollegiumsmitglieder aus Selbstschutzgründen verschließen, desto mehr wird über deren Fehler und Privatleben in abwertender Form heimlich kommuniziert. Im gleichen Maße steigt auch die Wahrscheinlichkeit, dass Gerüchte (nicht erwiesene Nachrichten) in Umlauf gebracht werden.

Grüppchenbildung

Das Kollegium zerfällt in Kleingruppen Gleichgesinnter. Man gibt sich keine Mühe, mit Personen zu kommunizieren, die einem auf Anhieb nicht so sympathisch sind.

Einzelkämpfertum

Man erlebt das Kollegium insgesamt als unangenehm und sieht keinen Sinn im Kooperieren, im Sich-Mitteilen und Austauschen. Man kommt, tut seine Pflicht und geht.

Kollegiale Kommunikation lässt sich nie völlig harmonisch, fehlerfrei und kongruent praktizieren. Immer wieder wird es zu Störungen, Blockaden und Missverständnissen kommen. Darüber hinaus wird die Tatsache, dass es in einem Kollegium unterschiedliche Persönlichkeiten und Kommunikationsstile gibt, das Miteinander phasenweise erschweren. Dennoch sollte man die Kommunikation weiterentwickeln, indem man

- sich um Offenheit und Achtsamkeit bemüht,
- Killerbotschaften vermeidet,
- Anteilnahme zeigt,
- kompromissbereit ist,
- sich Feedback gibt.

Ein wichtiges Mittel der Kommunikationsförderung ist die Teamarbeit auf Klassenebene. Wenn sich die in einer Klasse unterrichtenden Lehrerinnen und Lehrer als Team verstehen, bedeutet dies, dass man die pädagogische Arbeit regelmäßig miteinander plant, steuert und reflektiert und Probleme gemeinsam analysiert und löst. Aus der Klassen-Lehrerschaft wird somit ein Klassen-Team, wodurch das Einzelkämpfertum überwunden wird.

Einen nicht unerheblichen Einfluss auf das Kommunikationsklima hat auch die Schulleitung. Wenn der Schulleiter einen achtsamen Kommunikationsstil praktiziert und im Werdeprozess wichtiger Schulentscheidungen das Kollegium gut informiert, also für Transparenz sorgt, trägt er zum guten Gesamtklima wesentlich bei.

Kommunikations- und Teamentwicklung

Jede Schule sollte von Zeit zu Zeit (etwa alle fünf Jahre) eine Ist-Analyse ihrer kollegialen Kommunikation und Kooperation durchführen und aufbauend darauf überlegen, wie sie weiterentwickelt werden kann.

Da die Einschätzungen der Kollegiumsmitglieder oft impliziter Art sind, müssen sie zunächst explizit gemacht werden. Hierzu bietet sich eine Stärke-Schwäche-Analyse unter externer Moderation an, die folgendermaßen ablaufen kann:

Das Kollegium teilt sich in Gruppen auf und bearbeitet zwei Leitfragen:

- Was sind die Stärken unserer Kommunikation und Kooperation?
- Wo liegen die Schwächen unserer Kommunikation und Kooperation?

Die Ergebnisse werden auf Postern fixiert. Im Plenum werden die Gruppenarbeitsergebnisse ausgetauscht und zu einer Bestandsaufnahme zusammengefügt.

Als Alternative oder Ergänzung zu diesem Diagnoseverfahren ist auch eine Fragebogenuntersuchung möglich. Als Instrument bietet sich entweder ein bereits erprobter Fragebogen (s.u.) oder ein selbst konstruiertes Erhebungsverfahren an. Letzteres würde bedeuten, dass eine Gruppe dieses Instrument in Eigenregie selbst entwirft.

In einer weiteren Gruppenarbeitsphase wird gemeinsam überlegt, wie das Miteinander weiterentwickelt werden kann. Hierzu werden Verbesserungsvorschläge ausgearbeitet. Diese werden im Plenum vorgestellt, nach ihrer Realisierbarkeit bewertet und in ein Änderungsprogramm integriert. Abschließend werden Zielvereinbarungen getroffen, und es wird geklärt, wer was wann tut.

Der Ist-Analyse und Änderungsplanung muss die Realisierung folgen. Konkret bedeutet dies, dass die vereinbarten Änderungsziele in die tägliche Kommunikation und Kooperation umgesetzt werden. Entscheidend gefördert wird die Verwirklichung durch regelmäßige gemeinsame Reflexion (Wetterberichte) in den Konferenzen. Die Umsetzung der Änderungsmaßnahmen sollte von einer Steuerungsgruppe, der die Schulleitung und Vertreter des Kollegiums angehören, beobachtet und koordiniert werden. Falls es zu Umsetzungsschwierigkeiten kommt, kann der externe Moderator angefordert werden.

Spätestens nach einem halben Schuljahr ist eine Bilanzierung fällig. An dieser muss der externe Moderator teilnehmen. Es wird gemeinsam erörtert, welche Ziele verwirklicht werden konnten und welche nicht, warum es zu Schwierigkeiten gekommen ist, welche Auswirkungen auf das persönliche Befinden zu beobachten sind. Gegebenenfalls muss das Änderungsprogramm modifiziert werden.

Wenn sich ein Kollegium mit sich selbst beschäftigt, heißt dies nicht, dass daraus eine unendliche Selbstanalyse werden muss. Dies wäre für eine Schulseele zu viel des Guten. Aus einer heilsamen kann irgendwann eine krank machende Selbstzentrierung werden. Kommunikationsentwicklung ist eine zeitlich begrenzte Maßnahme, die kollegiale Beziehungen so verändert, dass sich in diesem Klima angenehmer und wirksamer arbeiten lässt.

Die Entwicklung des Miteinander muss sich auch in Form von Teambildungen konkretisieren. Im ursprünglichen Sinne heißt Team Mannschaft. Es ist ein Begriff, der aus der Sprache des Sports kommt. Inzwischen nennt man Gruppen, die gemeinsam Aufgaben bewältigen, Teams. Die Arbeit, die solche Gruppen gemeinsam leisten, wird Teamarbeit genannt. Die Mitglieder eines Teams haben klar definierte Rollen und Tcilaufgaben.

Die Gesamtleistung von Organisationen steht und fällt mit den Leistungen der einzelnen Arbeitsteams. Deshalb wird in großen Unternehmen sehr viel Geld in die Förderung der Schlüsselqualifikation „Teamfähigkeit" und in die Teamentwicklung investiert.

Eine Gruppe, so eine Grunderkenntnis der Sozialpsychologie, ist noch kein Team. Eine Gruppe muss zur reifen Gruppe, zum gut eingespielten Team werden. Von einem Team kann dann gesprochen werden, wenn die Teammitglieder auf der Beziehungsebene gut miteinander auskommen und gute Leistungen erzielen.

Teamarbeit in der Schule ist gemeinsame Bewältigung pädagogischer Aufgaben durch viel Arbeitsteilung, Austausch, Abstimmung und Absprache. Leider überwiegt in der Schule immer noch das Einzelkämpfertum, so das Ergebnis der zahlreichen Bestandsaufnahmen, die ich in den letzten Jahren im Kontext innerer Schulentwicklungen durchgeführt habe. Aus den Soll-Analysen, die darauf aufbauend angefertigt wurden, geht der klare Wunsch vieler Lehrerinnen und Lehrer hervor, auf Klassenebene und auf gesamtschulischer Ebene mehr Teamarbeit zu praktizieren.

Teamarbeit wirkt sich langfristig stressreduzierend aus. Die Stressforschung hat eindeutig nachweisen können, dass dort, wo Teamentwicklung stattgefunden hat, weniger Belastungen und Konflikte auftreten.

Es gibt verschiedenste Varianten der schulischen Teamarbeit, die in neuerer Zeit entwickelt und erfolgreich erprobt worden sind:

- Klassenteams: regelmäßige pädagogische Konferenzen, in denen man sich austauscht, abspricht und abstimmt, Schülerprobleme gemeinsam analysiert und Lösungen konstruiert sowie fächerverbindende Vorhaben plant und auswertet;
- Klassenstufenteams: Lehrerinnen und Lehrer einer Jahrgangsstufe kooperieren auf der Grundlage eines pädagogischen Konzepts intensiv miteinander;
- schulinterne Fallbesprechungsgruppe: trifft sich regelmäßig, um unter externer oder interner Supervision Konfliktfälle gemeinsam zu analysieren und zu lösen;
- Schulleitungsteam: gemeinsames Leiten und Reflektieren der führungsverantwortlichen Personen;
- Projektteams: Arbeitsgruppen, die gemeinsam Entwicklungsvorhaben planen, durchführen und auswerten;
- Steuerungsgruppe: ein repräsentativ zusammengesetztes Team, das im Auftrag des Kollegiums einen Schulentwicklungsprozess koordiniert und reflektiert;

- Inter-Gruppen-Teams: Mitglieder der einzelnen Schulgruppen (Lehrer, Eltern, Schüler) arbeiten zu einem bestimmten Zweck zusammen (z.B. Prävention von Gewalt, Vorbereitung eines Schuljubiläums).

Am notwendigsten ist die Teambildung auf der Klassenebene. Ihre Verwirklichung lässt sich am besten fördern, wenn am Schuljahresbeginn in jeder Klasse eine pädagogische Konferenz durchgeführt wird, auf der die Ziele der Schuljahresarbeit bestimmt und deren Umsetzung kooperativ geplant werden. Dies kann in einem zielorientierten Dialog geschehen, den die Klassenleitung moderiert und an dessen Ende klar ist, wo man an einem Strang ziehen muss. Darüber hinaus ist auch systematischeres Vorgehen nach der Moderationsmethode möglich, das folgendermaßen ablaufen könnte:

Die in einer Klasse unterrichtenden Lehrerinnen und Lehrer, auch Klassenteam genannt, treffen sich am Schuljahresbeginn, um ihre persönlichen pädagogischen Konzepte auszutauschen. Zu Beginn notiert jede Teilnehmerin, jeder Teilnehmer stichwortartig Antworten auf folgende Fragen:

- Wie hoch sind meine Leistungserwartungen im Allgemeinen?
- Welchen Umfang haben die von mir gestellten Hausaufgaben?
- Wie häufig kontrolliere ich die Hausaufgaben?
- Was erwarte ich von der äußeren Form der Hausaufgaben?
- Wie reagiere ich, wenn Schüler Hausaufgaben versäumen?
- Welche Erwartungen habe ich an das Disziplinverhalten der Schüler?
- Wie reagiere ich auf Disziplinstörungen?
- Was halte ich von der Delegation von Verantwortung?
- Was erwarte ich von den Eltern?
- Wie intensiv soll der Kontakt zum Elternhaus gepflegt werden?

Anschließend werden die persönlichen pädagogischen Vorstellungen im Gespräch ausgetauscht. Darauf aufbauend schreiben alle auf Moderationskarten stichwortartig und konkret (z.B. versäumte Hausaufgaben nachholen) auf, wo gemeinsam im Sinne eines Grundkonsenses gehandelt werden muss. Die Karten werden nun gruppiert und mit Überschriften versehen. Nach dieser Erhebung wird bilanziert, wo es Konsens und wo Dissens gibt. Die weitere Gruppenarbeit muss sich nun darauf konzentrieren, die verschiedenen Standpunkte zunächst noch einmal zu beleuchten und dann im konstruktiven Gespräch eine Einigung hinsichtlich grundsätzlicher pädagogischer Grundsätze zu erreichen. Diese Prozedur kann auch in Form einer Mehrpunktabfrage durchgeführt werden. Jede teilnehmende Person bekommt hierfür Klebepunkte. Die Zahl der Klebepunkte wird nach folgender Formel errechnet: Anzahl der Alternativen dividiert durch zwei. Aufgrund der Punktvergabe wird dann ersichtlich, wo konsensuell gehandelt werden muss.

Während des Schuljahres muss in weiteren Konferenzen immer mal wieder das gemeinsame pädagogische Handeln kritisch reflektiert werden. Hierzu dienen folgende Leitfragen:

- Wo ist es uns gelungen, an einem Strang zu ziehen?
- Wo gibt es Schwierigkeiten?
- Wie können diese Schwierigkeiten behoben werden?

Ist eine Team-Bildung in Gang gekommen, sollte darauf geachtet werden, dass eine gute Teamkultur entsteht. Folgende Merkmale zeichnen ein gutes Team aus:

- Zielklarheit,
- klare Aufgabenverteilung,
- Integration der individuellen Fähigkeiten,
- Engagement,
- gutes Grundklima,
- Offenheit und Vertrauen,
- fairer Umgang,
- aktives Zuhören,
- gegenseitige Hilfe und Unterstützung,
- effektiver Arbeitsstil,
- positive Problemwahrnehmung.

Ein Team sollte sich von Zeit zu Zeit mit Hilfe eines Team-Diagnose-Bogens (s.u.) selbst einschätzen. Die individuellen Einschätzungen können zu einem Teamprofil zusammengefasst werden. Der erste Auswertungsschritt besteht darin, pro Frage Mittelwerte zu errechnen. Wenn man zum Beispiel den Mittelwert für die Frage 1 errechnen möchte, addiert man die angekreuzten Punktwerte und dividiert sie durch die Anzahl der Teammitglieder. Die Mittelwerte der einzelnen Aussagen kann man zu einem Profil verbinden. Aus dem Profil wird ersichtlich, wie weit das Team vom Idealzustand entfernt ist. Darüber hinaus ist es auch möglich, wenn man ein entsprechendes Computerprogramm oder einen Taschenrechner mit Statistikfunktionen besitzt, zusätzlich zum Mittelwert die Standardabweichung zu errechnen. Diese bringt zum Ausdruck, in welchem Maß die angekreuzten Werte um den Mittelwert streuen. Je geringer die Standardabweichung, desto homogener ist das Team im entsprechenden Merkmalsbereich.

Am Teamprofil lässt sich gut erkennen, in welchen Teambereichen ein Verbesserungsbedarf besteht. Die Teamdefizite müssten dann im Sinne eines kontinuierlichen Verbesserungsprozesses abgebaut werden. Später sollte eine erneute Selbsteinschätzung durchgeführt werden. Das neue Profil kann man nun mit dem alten vergleichen. Und aus dem Vergleich lässt sich ersehen, wo es Fortschritte gegeben hat.

Fragebogen zur Erfassung der kollegialen Kommunikation und Kooperation

Beurteilen Sie an Hand der folgenden Aussagen die Kommunikation und Kooperation in Ihrem Kollegium. Geben Sie Ihre Meinung durch Ankreuzen an. Sie haben folgende Möglichkeiten.

1 = diese Aussage lehne ich voll ab
2 = diese Aussage lehne ich eher ab
3 = dieser Aussage stimme ich weder zu, noch lehne ich sie ab
4 = dieser Aussage stimme ich eher zu
5 = dieser Aussage stimme ich voll zu

1.	Bei uns herrscht ein gutes kollegiales Grundklima.	1	2	3	4	5
2.	Wir haben viel Vertrauen zueinander.	1	2	3	4	5
3.	Wir kommunizieren offen miteinander.	1	2	3	4	5
4.	Wenn jemand in Schwierigkeiten gerät, wird er unterstützt.	1	2	3	4	5
5.	Wir nehmen aufeinander Rücksicht.	1	2	3	4	5
6.	Wir pflegen kollegiale Geselligkeit.	1	2	3	4	5

7.	Wir sind kompromissbereit und verzichten auf die rigorose Durchsetzung von Einzelinteressen.	1	2	3	4	5
8.	Wir entlasten uns durch Anteilnahme und Befindensgespräche.	1	2	3	4	5
9.	Wir integrieren rasch neue Kollegiumsmitglieder.	1	2	3	4	5
10.	Von Zeit zu Zeit reflektieren wir über unseren Umgang und unsere Kommunikation.	1	2	3	4	5
11.	Wir haben einen Minimalkonsens, an dem wir unsere pädagogische Arbeit ausrichten.	1	2	3	4	5
12.	Schwierige Disziplinkonflikte analysieren und lösen wir gemeinsam.	1	2	3	4	5
13.	Wir tauschen Konzepte und Materialien aus.	1	2	3	4	5
14.	Wir planen gemeinsam Unterricht.	1	2	3	4	5
15.	Wir führen gemeinsam Unterricht durch.	1	2	3	4	5
16.	Wir werten Unterricht gemeinsam aus.	1	2	3	4	5
17.	Die Werdeprozesse wichtiger Entscheidungen sind bei uns transparent.	1	2	3	4	5
18.	Wir haben einen gut funktionierenden Informationsfluss.	1	2	3	4	5
19.	Aufgaben werden in ausreichendem Maße von oben nach unten delegiert.	1	2	3	4	5
20.	Gute pädagogische Arbeit wird anerkannt und gewürdigt.	1	2	3	4	5

Team-Diagnose-Bogen

Beurteilen Sie an Hand der folgenden Aussagen Ihre Teamarbeit. Geben Sie Ihre Meinung durch Ankreuzen an. Sie haben folgende Möglichkeiten.

1 = diese Aussage lehne ich voll ab
2 = diese Aussage lehne ich eher ab
3 = dieser Aussage stimme ich weder zu, noch lehne ich sie ab
4 = dieser Aussage stimme ich eher zu
5 = dieser Aussage stimme ich voll zu

Wir sind uns über unsere Ziele im Klaren.	1	2	3	4	5
Wir haben eine klare Aufgabenverteilung.	1	2	3	4	5
Jeder kann seine persönlichen Fähigkeiten einbringen.	1	2	3	4	5
Wir engagieren uns für unsere Arbeitsziele.	1	2	3	4	5
Bei uns herrscht ein gutes Grundklima.	1	2	3	4	5
Wir sind offen zueinander.	1	2	3	4	5
Wir gehen fair miteinander um.	1	2	3	4	5
Wir hören einander aktiv zu.	1	2	3	4	5
Wir helfen und unterstützen uns.	1	2	3	4	5
Wir arbeiten effektiv zusammen.	1	2	3	4	5
Probleme betrachten wir als positive Herausforderung.	1	2	3	4	5

Zum Nachdenken

Ein Rabbi kommt zu Gott: „Herr, ich möchte die Hölle sehen und auch den Himmel.“ – „Nimm Elias als Führer“, spricht der Schöpfer, „er wird dir beides zeigen.“ Der Prophet nimmt den Rabbi bei der Hand. Er führt ihn in einen großen Raum. Ringsum Menschen mit langen Löffeln. In der Mitte, auf einem Feuer kochend, ein Topf mit einem köstlichen Gericht. Alle schöpfen mit ihren langen Löffeln aus dem Topf. Aber die Menschen sehen mager aus, blass, elend. Kein Wunder: Ihre Löffel sind zu lang. Sie können sie nicht zum Mund führen. Das herrliche Essen ist nicht zu genießen. Die beiden gehen hinaus: „Welch seltsamer Raum war das?“ fragt der Rabbi den Propheten. „Die Hölle“, lautet die Antwort. Sie betreten einen zweiten Raum. Alles genau so wie beim ersten. Ringsum Menschen mit langen Löffeln. In der Mitte, auf einem Feuer kochend, ein Topf mit einem köstlichen Gericht. Alle schöpfen mit ihren langen Löffeln aus dem Topf. Aber – ein Unterschied zu dem ersten Raum: Diese Menschen sehen gesund aus, gut genährt, glücklich. „Wie kommt das?“ – Der Rabbi schaut genau hin. Da sieht er den Grund. Diese Menschen schieben sich die Löffel gegenseitig in den Mund. Sie geben einander zu essen. Da weiß der Rabbi, wo er ist.

Rabbinische Weisheit

Weiterführende Literatur

Keller, G.: Konfliktmanagement in der Schule. Moderieren, Lösen, Vorbeugen. Seelze-Velber: Kallmeyer 2001.

Miller, R.: „Du dumme Sau!“ Von der Beschimpfung zum fairen Gespräch. Ein Schülerarbeitsheft. Lichtenau: Verlag der AOL 1998.

Miller, R.: Beziehungsdidaktik. Weinheim und Basel: Beltz 1999 (3. Aufl.).

Miller, R.: „Halt's Maul, du dumme Sau!“ (Lehrerheft). Schritte zum fairen Gespräch. Lichtenau: Verlag der AOL 1999.

Miller, R.: „Das ist ja wieder typisch!“ Kommunikation und Dialog in Schule und Verwaltung. 25 Trainingsbausteine. Weinheim und Basel: Beltz 2000 (3. Aufl.).

6. Schüleraktiver Unterricht

„Hilf mir es selbst zu tun.“

Maria Montessori

Einen Teil seines Lebens, circa 15000 Stunden, verbringt der Mensch in der Schule. Zentraler schulischer Lernort ist für alle der Unterricht. Dort soll er das lernen, war er für den weiteren Lebensweg an Kenntnissen, Fertigkeiten und Verhaltensweisen braucht.

Direkte unterrichtliche Akteure sind Lehrer und Schüler, indirekte auch die Erwartungsträger Eltern, Schulleitung, Schulverwaltung, Bildungspolitik, die Abnehmer Wirtschaft und Hochschule sowie der Steuerbürger als Finanzier des Bildungswesens.

Jeder Lehrer, der eine Unterrichtsstunde plant, stellt sich immer zwei zentrale Fragen:

- Was soll ich den Schülern vermitteln?
- Wie soll ich es ihnen beibringen?

Klafki (1976) nennt die erste Frage eine didaktische, die zweite eine methodische.

Wir sehen also, dass bei der Vermittlung von fachlichem Wissen und überfachlichen Qualifikationen die Unterrichtsmethode, also der Lehr- und Lernweg, eine ganz besondere Rolle spielt. Nicht allein zwar, aber im Ensemble mit anderen Bedingungsfaktoren entscheidet die Methodik mit über den Lernerfolg bzw. über den Erfolg der Schulbildung.

Es gibt die Unterrichtsmethodik als wissenschaftliches Lehrfach und als tägliches praktisches Handeln der einzelnen Lehrerinnen und Lehrer. Jede Lehrperson hat eine persönliche, subjektiv konstruierte Theorie des Unterrichts und ein persönlich entwickeltes Repertoire. Und jeder Lehrer ist ein Unterrichtsforscher, der eigene methodisch-didaktische Experimente durchführt und darauf aufbauend zu Routinen gelangt. Im Lauf der Zeit entsteht in seinem Kopf eine methodisch-didaktische Handlungslogik. Für das tägliche unterrichtsmethodische Handeln sind eigene Lehr- und Lernerfahrungen sowie Modell-Lernen im Kollegenkreis bedeutsamer als Methodikmodelle der Hochschule und des Seminars (Altrichter u. a. 1997).

Die Entwicklungssituation der Schülerinnen und Schüler

Lernstoff kann nur dann wirksam vermittelt werden, wenn der Sender den Empfänger kennt. Auch wenn es häufig schwer ist, jede einzelne Schülerpsyche einer Klasse zu ergründen, so muss zumindest vorausgesetzt werden, dass die zentralen Entwicklungsvoraussetzungen der Zielgruppe in Erfahrung gebracht werden, um Lernprozesse günstig und förderlich gestalten zu können. Im Folgenden werden diese aus dem Blickwinkel von entwicklungs- und schuldemoskopischen Studien sowie von schulpsychologischen Erfahrungen dargestellt.

Intelligenz

Das allgemeine intellektuelle Fähigkeitsniveau der Schülerinnen und Schüler ist in den letzten fünfzig Jahren nicht gesunken. Im Gegenteil, die Intelligenzforschung hat nachweisen können, dass es im Verlauf des 20. Jahrhunderts einen IQ-Anstieg gegeben hat. Einen ersten empirischen Beweis hierfür erbrachte der neuseeländische Wissenschaftler James Flynn, weshalb dieses Phänomen auch als Flynn-Effekt bezeichnet wird (s. Neisser 1998). Im weiteren kognitiven Bereich sind aber dennoch Fähigkeitsverluste zu registrieren, und zwar beim mündlichen und schriftlichen Sprachvermögen (Eder 1998). Zurückgeführt wird dies auf die Ikonisierung in der Medienkultur und auf schulische Übungsdefizite.

Lern- und Arbeitsverhalten

Der Schulerfolg ist nicht nur abhängig vom intellektuellen Grundpotential, sondern auch vom Lern- und Arbeitsverhalten (Keller 1999a). Hierzu zählen die Lernmotivation, die Lernplanung, das Aufnehmen, Verarbeiten und Abrufen von Lernstoff, die Anwendung des Gelernten sowie die Konzentration. Aus Lern- und Arbeitsverhaltensstudien geht hervor, dass Defizite in diesem wichtigen Stützbereich der Intelligenz weit verbreitet sind. Besonders gravierend sind

Lernmethodikdefizite: Viele Schülerinnen und Schüler tun sich schwer mit der selbstständigen Wissensverarbeitung (Keller/Thiel 1998).

- Konzentrationsmängel: Die überwiegende Mehrheit der Lehrerinnen und Lehrer konstatiert, dass vor allem die Fähigkeit zum konzentrierten Zuhören im Unterricht stark nachgelassen hat (Fölling-Albers 1992).
- Demotivation: Insbesondere in den Klassen 7-11 sind epidemische Motivationsstörungen festzustellen (Bessoth 1995). Schülerinnen und Schüler tendieren zur Anstrengungsvermeidung und tun sich mit dem Bedürfnisaufschub schwer.

Interessen

Vergleicht man die jugenddemoskopischen Daten über einen längeren Zeitraum, ist ein deutlicher Interessenwandel festzustellen. Besonders fällt auf, dass das Bücherlesen stark an Attraktivität verloren hat. Nur noch etwas mehr als 40% der Kinder und Jugendlichen lesen häufig Bücher (Silbereisen u.a. 1996). Immer mehr Schülerinnen und Schüler konzentrieren ihr Interesse auf die Erlebnis- und Fun-Kultur, auf den Multimedia-Konsum und auf die virtuelle Welt (Eder 1998). Außerdem ist offensichtlich, dass die Schule nicht mehr der Ort ist, der bei den Heranwachsenden das Interesse am Wissen von der Welt weckt.

Seelische Situation

Aus der Epidemiologie kann nicht der Schluss gezogen werden, dass die Kinder und Jugendlichen psychisch gestörter sind als vergangene Schülergenerationen. Diejenigen, die gestört sind, drücken ihre Probleme jedoch gravierender aus als früher. In der Schule äußern sich deren Schwierigkeiten in Form von Unterrichtsstörungen, Aggressivität und Sinnlosigkeitsgefühlen.

Gestiegen ist im Vergleich zu früher die sozial-emotionale Bedeutung der Schule (Eder 1998). Aufgrund veränderter Familien- und Freizeitstrukturen wird die Schule immer mehr zu einer emotionalen Ersatzheimat. Die Mehrzahl der Schülerfreundschaften rekrutiert sich in der Schule. Nach der Klasse 8 ist die Schulclique für die emotionale Entsorgung wichtiger als die Familie.

Sozial- und Moralverhalten

Die überwiegende Mehrheit der Schülerinnen und Schüler (Tenor der Jugendstudien) bejaht das soziale Regelwerk der Schule, aber die Normen sind nicht mehr so fest verankert und das Normverhalten ist stärker abhängig von Normverdeutlichungen, Grenzziehungen und Kontrakten. Dies ist vor allem darauf zurückzuführen, dass die Familie von heute keine Autoritätsfamilie mehr ist, sondern eine Verhandlungsfamilie. Die Kinder und Jugendlichen befinden sich in ständigen Verhaltensverhandlungen und übertragen dieses Muster auf die Schule. Aus Bestandsaufnahmen geht auch hervor, dass das Kooperationsverhalten bzw. die Teamfähigkeit im Vergleich zu früher schlechter geworden ist (Bohnsack/Leber 1996). Diese Negativentwicklung ist sicherlich eine Folge gewandelter Familienstrukturen. 52 % der Kinder wachsen als Einzelkinder auf.

Einstellung zum Unterricht

Nur ein Drittel der Schülerinnen und Schüler empfindet den Unterricht als interessant, der Rest übt Kritik und äußert Langeweile (IFS-Schulbarometer 2000). Aus Schülersicht kommen im Unterricht schüleraktive Formen zu kurz (Bessoth 1995, IFS-Schulbarometer 2000). Sie wünschen sich mehr Gruppenarbeit, mehr Lehrer-Schüler-Dialoge, mehr selbstständige Arbeit an selbst gewählten Aufgaben und mehr Gelegenheit zur Durchführung eigener Untersuchungen.

Aus verhaltensbiologischer Sicht missachtet ein zu lehrerdominierter Unterricht das Aktionspotential bzw. Handlungsbedürfnis der Schülerinnen und Schüler (Cube 1997). Erhalten diese keine Betätigungsmöglichkeiten und sind sie stundenlang zur Passivität verdammt, kommt es im Körper unweigerlich zu Aktivitätsstaus, die sich in Langeweile, Tagträumen und Unterrichtsstörungen äußern.

Wichtig zu wissen ist, dass die Schülerinnen und Schüler weiterhin die Lehrperson als Lernprozess-Lotsen wünschen und auch den Frontalunterricht nicht ablehnen. Am idealsten ist für sie ein regelmäßiger Wechsel zwischen lehrer- und schüleraktiven Phasen.

Familiäre Lernumwelt

Obwohl der Großteil der Eltern an der Lernentwicklung ihrer Kinder stark interessiert ist, fällt vielen das altersadäquate Fordern und Fördern schwer (Keller 1995). Dieses Problem wird nicht selten dadurch gelöst, dass seine Lösung delegiert wird – an Nachhilfelehrer, Lernstudios und sonstige schulergänzende Einrichtungen. 55% der Gymnasialschüler müssen während ihrer Schullaufbahn externe Lernhilfe in Anspruch nehmen, was die Eltern pro Jahr 1 Milliarde Euro kostet. Vor allem, wenn Schüler langzeitlich am Tropf der intensiven Nachhilfe hängen, sinkt die Bereitschaft zum aktiven und selbstständigen Lern- und Unterrichtsverhalten.

Besonders ungünstig für die Motivations- und Lernentwicklung sind Familien, die sich stark an Konsumnormen orientieren und ein funorientiertes Freizeitleben führen. Sie erleben die Buch- und Schulkultur als notwendiges Übel.

Erwartungen der Eltern an den Unterricht

55% der deutschen Eltern wünschen sich für ihr Kind als Schulabschluss das Abitur, 35% den Realschulabschluss und 10% den Hauptschulabschluss (Struck 1996). Der Unterricht ist Mittel zum Zweck dieser Zielerreichung. Vom Unterricht erhoffen sie sich zuallererst, dass er das gewünschte Bildungsziel ohne Reibungsverluste mit adäquaten Noten erreichen hilft. Hierzu ist aus Elternsicht eine gute Stoffvermittlung in Deutsch, Mathematik und in den Fremdsprachen vonnöten (Institut für Demoskopie 1999). Mit welcher Unterrichtsmethode diese Lernziele erreicht werden, ist sekundär. Dann fordern sie, dass ihre Kinder methodisch so gut geschult werden, dass diese zu Hause weitgehend selbstständig lernen können. Dort, wo die Schule keine systematische Lernmethodik-Vermittlung praktiziert, kaufen sie sich Lernratgeber fürs häusliche Lernmethodiktraining oder schicken ihre Kinder in kommerziell angebotene Lerntechnikkurse. Schließlich erwarten 80% von der Schule, dass im Unterricht systematische Sozialerziehung praktiziert wird (Institut für Demoskopie 1999). Nur 9% sehen dieses Ziel in der Schule verwirklicht.

Kurz und gut: Für die Eltern besteht der gute Unterricht aus wirksamer Stoffvermittlung und dem Training der Schlüsselqualifikationen.

Erwartungen der Hochschule an den Unterricht

Die Hochschule erwartet vom Unterricht, dass er Schülerinnen und Schüler zur Studierfähigkeit verhilft (Heldmann/Finkenstaedt 1998). Erstens versteht sie darunter die Förderung allgemeiner Leistungsvoraussetzungen: Lernbereitschaft, wissenschaftliche Arbeitstechnik, Denk- und Abstraktionsfähigkeit, schöpferische Fähigkeit, personale Kompetenz sowie Interesse und Engagement. Zweitens meint sie damit eine solide Grundbildung in den Geistes-, Gesellschafts- und Naturwissenschaften. Und drittens erwartet sie, dass der Schulabsolvent entsprechend seiner Eignung und Neigung einen spezifischen Fähigkeitsschwerpunkt entwickelt hat.

Was die Erwartungen an die Unterrichtsform betrifft, ist die Hochschule bisher sehr zurückhaltend gewesen. Dies hängt wohl damit zusammen, dass der Hochschulunterricht immer noch sehr frontaldominant ist.

Erwartungen der Arbeitswelt an den Unterricht

Entsprechend dem Schlüsselqualifikationsmodell fordert die Arbeitswelt einen Unterricht, der nicht nur solides Fachwissen vermittelt, sondern Fähigkeiten, die am Arbeitsplatz der Zukunft breit einsetzbar sind (Bildungskommission NRW 1995, Delphi-Studie 1996/98). Eine berufliche Handlungskompetenz, so die klare Botschaft, ergibt sich nur, wenn die Fachkompetenz um Methoden- und Sozialkompetenzen erweitert wird. Denn der Arbeitsplatz der Zukunft ist eine lernende Organisation. In der lernenden Organisation muss aufgrund des rapiden Wissenswandels ständig weitergelernt werden. Ein Drittel der Lebensarbeitszeit wird in höherqualifizierten Berufen Lernzeit sein. Hierzu benötigt man Lern- und Arbeitsmethoden.

Der Arbeitsplatz der Zukunft ist auch ein lebendiger Kommunikationsort. Dort wird viel kooperiert und viel kommuniziert. Das heißt, die Schülerinnen und Schüler müssen kommunikations- und teamfähig sein.

Die Arbeitswelt wünscht sich einen Unterricht, der abwechselt zwischen lehrergesteuerten und selbstständigen Lernphasen. In den schüleraktiven Phasen sollen besonders trainiert werden das Sammeln, Auswerten und Präsentieren von Wissen, das gemeinsame Arbeiten und Problemlösen und das situationsgerechte Kommunizieren.

Konsequenzen für den Unterricht

Die Schülerinnen und Schüler sind generell lernfähig, tun sich aber mit frontaldominanten Formen der Wissensvermittlung schwerer als in der Vergangenheit. Aufgrund außerschulischer Vermittlungserfahrungen sind ihre Ansprüche an die Wissenskost und die Form der Verköstigung gestiegen.

Da nur etwa ein Drittel der Schülerinnen und Schüler den Unterricht interessant findet, muss mehr Mühe auf die Neugierweckung und Interessenanknüpfung verwendet werden, vor allem in der Einstiegsphase des Unterrichts. Es lohnt sich auch, die Interessenstruktur einer Klasse genauer in Erfahrung zu bringen.

Aus den Schülerstudien kann nicht der Schluss gezogen werden, dass sie den lehrergesteuerten Unterricht gänzlich ablehnen. Sie wünschen sich aber mehr Formwechsel und schüleraktivere Phasen. Auf der Wunschliste der unterrichtlichen Veränderungen stehen soziale Unterrichtsformen obenan. Wer mit der Klasse regelmäßig kooperatives Lernen praktiziert, fördert die Schlüsselqualifikation „Teamfähigkeit".

Schülerinnen und Schüler haben auch ein Autonomiebedürfnis. Das heißt, dass sie sich Wissen selbst aneignen möchten. Zum einen scheitert das selbstständige Lernen nicht selten daran, dass ihnen die nötige Methodenkompetenz fehlt. Zum anderen hängen Probleme der Selbstständigkeitsentwicklung auch mit einem Mangel an entsprechenden Lernangeboten zusammen. Eine erste Konsequenz aus diesen Defiziten müsste sein, im Unterricht häufiger als bisher Lern- und Arbeitsmethoden zu vermitteln (Klippert 2000b, Keller 1999a und b). Darüber hinaus sollten die Schüler auch mehr Aufgaben und Gelegenheiten zum autonomen Lernen erhalten (z.B. Freiarbeit, projektähnliche Langzeitaufgaben, Referate, Facharbeiten).

Die Konsequenz aus den Entwicklungs- und Abnehmerstudien darf nicht sein, dass nur noch neue Unterrichtsmethoden angewandt werden. Dieser Schluss ist falsch. Die Unterrichtsforschung, vor allem die Meta-Analyse von Walberg und Wang (1987), hat eindeutig gezeigt, dass der lehrergesteuerte Unterricht hinsichtlich der rein fachlichen Wissensvermittlung den neuen Methoden nicht unterlegen ist. Darüber hinaus ist auch nachgewiesen worden, dass das lehrergesteuerte Lernen leistungsschwächeren Schülerinnen und Schülern mehr nützt als das selbstgesteuerte. Aber aus dem Tenor der Unterrichtsstudien geht hervor, dass zur Einübung methodischer und vor allem sozialer Kompetenzen sowie zur Förderung der Leistungsstärkeren neue Unterrichtsformen vonnöten sind. Das heißt, wir brauchen einen Methoden-Mix, der diesen Erkenntnissen gerecht wird.

Ein schüleraktiver Unterricht bedarf eines pädagogischen Konzepts, und zwar sowohl auf der Klassenebene als auch auf der Schulebene. Dorthin gelangt eine Schule, wenn sie die Unterrichtspraxis einer Stärke-Schwäche-Analyse unterzieht und darauf aufbauend überlegt, wie der Unterricht im Kontext einer inneren Schulentwicklung behutsam weiterentwickelt werden kann.

Ziel dieser Weiterentwicklung ist nicht die Abschaffung des lehrergesteuerten Unterrichts, sondern ein flexibles Methodenrepertoire, das sich inhalts- und situationsbezogen einsetzen lässt. Und Ziel ist es auch nicht, dass sich die Didaktik der Methodik unterwirft. Wer nur das Stricken beherrscht und keine Wolle hat, bringt keinen Pullover zustande!

Schüleraktive Lehrmethoden im Überblick

Bienenkorb

Nach einer schriftlichen (z.B. Text) oder mündlichen (z.B. Lehrervortrag) Informationsphase tauschen sich die Schülerinnen und Schüler in Zweier- oder Dreiergruppen über das Erfahrene aus und überlegen sich Fragen. Diese Fragen werden anschließend im Plenum bekannt gegeben und beantwortet.

Brainstorming

Den Schülerinnen und Schülern wird die Lösung eines Problems aufgegeben. Hierzu wird die Klasse in Gruppen aufgeteilt. Ziel ist es, Lösungsideen zu sammeln und daraus die geeignetsten auszuwählen. Jeder schreibt Ideen auf Moderationskarten. In einer anschließenden Austauschrunde gibt jeder seine Idee bekannt. Während dieses Austauschprozesses darf keine Idee kritisiert werden. Anschließend werden die Ideen nach dem Kriterium der Ähnlichkeit gruppiert und gemeinsam bewertet. Ziel dieser Bewertung, die auch durch Punktvergabe erfolgen kann, ist es, die lösungstauglichsten Ideen auszuwählen. Jede Gruppe stellt ihr Ergebnis im Plenum kurz vor. Am Ende des Plenums kann nochmals eine Ideenauswahl bzw. Bewertung stattfinden.

Einzelarbeit

Die Schülerinnen und Schüler bewältigen eine Lernaufgabe allein. Der Aufgabeninhalt kann übend-festigend oder problemlösend sein. Einzelarbeit ermöglicht die Anwendung von Kenntnissen und Methoden. Sie kann an klassischem Lernmaterial erfolgen, aber auch am Computer.

Freiarbeit

Ziel der Freiarbeit ist die Verselbstständigung der Schülerinnen und Schüler, indem sie Verantwortung für ihr Lernen übernehmen. Mit Hilfe von Aufgabenmaterial, das von der Lehrperson sorgfältig vorbereitet wird, unterrichten sich die Schülerinnen und Schüler selbst – entweder allein oder gemeinsam. Hierfür ist auch eine Umgestaltung des Klassenzimmers vonnöten. Bevor mit der Freiarbeit als neuer Unterrichtsform begonnen wird, müssen mit den Schülerinnen und Schülern Arbeitsregeln vereinbart werden (z.B. „Wenn du mit einer Aufgabe begonnen hast, führe sie zu Ende.“).

Gruppenpuzzle

Am Beginn führt die Lehrperson in das Thema ein. Nun wird das Thema in Teilthemen aufgeteilt. Zu den Teilthemen werden Expertengruppen gebildet, die sich in einer Gruppenarbeit mit dem Thema intensiv befassen. Hinterher werden neue Gruppen gebildet, in denen jeweils ein Experte eines Teilthemas vertreten ist. Jeder Experte erklärt den anderen sein Thema. Im Schlussplenum werden offen gebliebene Fragen geklärt und die Gruppenarbeit wird gemeinsam reflektiert.

Kartenabfrage

Den Schülerinnen und Schülern wird eine Frage vorgegeben. Sie schreiben ihre Antworten stichwortartig mit einem Filzstift deutlich lesbar auf Karten (pro Karte nur ein zentraler Gedanke). Die Karten werden vorgelesen und im Konsens mit der Klasse an der Stellwand thematisch gruppiert. Jede Karten-Gruppe erhält einen treffenden Oberbegriff. Falls darüber hinaus eine Gewichtung vonnöten ist, kann diese mit Hilfe von Klebepunkten vorgenommen werden. Die Zahl der Klebepunkte pro Person wird nach folgender Formel errechnet: Anzahl der Alternativen dividiert durch zwei.

Leittext-Lernen

Im Mittelpunkt dieser aus der Berufsausbildung stammenden Methode steht ein aus systematischen Leitfragen bestehender Text. Die Lerneinheiten werden allein oder in Gruppen durchgeführt, und zwar in sechs aufeinanderfolgenden Stufen:

1. Information über die Aufgabe
2. Planung der Ausführung
4. Entscheidung über die Ausführung
5. Ergebniskontrolle
6. Bewertung der Ausführung und des Ergebnisses

Die Lehrperson hält sich während des Lernprozesses zurück und tritt erst wieder in der letzten Stufe als Berater und Rückmelder aktiv in Erscheinung.

Meinungsecken

Zu einem Thema, zu Entscheidungsalternativen oder zu einem Problem werden verschiedene Meinungen formuliert. Diese werden in verschiedenen Ecken des Raumes aufgehängt. Die Schülerinnen und Schüler ordnen sich den Meinungsecken selbst zu. Dort tauschen sie ihre Meinungen und Argumente aus. Anschließend trägt ein Gruppenmitglied das Gesprächsergebnis im Plenum kurz vor.

Methode 66

Um ein Problem intensiver zu reflektieren, Ursachen zu suchen oder Ideen zu sammeln, kann eine Klasse kurzfristig in Gruppen aufgeteilt werden. Jeweils sechs Teilnehmerinnen und Teilnehmer finden sich in einer Gruppe zusammen und tauschen sich sechs Minuten aus. Das wichtigste Ergebnis (z.B. Lösungsvorschlag) wird von der Gruppe ans Plenum zurückgemeldet. Auf der Grundlage der Gruppenarbeitsergebnisse wird die Plenumarbeit fortgesetzt.

Partnerarbeit

Partnerarbeit lässt sich relativ schnell organisieren. Gut geeignet ist sie für die Materialsuche und Materialaufbereitung. Auch das lückenschließende Lernen bzw. die Lernkontrolle lassen sich in dieser Form durchführen. Was die Zusammensetzung betrifft, können zwei gleich

Leistungsstarke als auch ein Starker und ein Schwacher (=Lernhilfe) ein Tandem bilden.

Planspiel

In diesem speziellen Arrangement werden Konflikte (z.B. Ansiedlung eines Industriebetriebs in einer Stadt) modellhaft bis zu einer Entscheidung durchgespielt. Damit sie spielbar werden, müssen am Sachverhalt einige didaktische Reduktionen vorgenommen werden. Wem diese Arbeit zu aufwendig erscheint, der kann auf bewährte Spielvorlagen zurückgreifen. Auf der Grundlage des Planspiel-Materials lernen die Schülerinnen und Schüler die Problemsituation kennen, eignen sich Fachinformationen an und verschaffen sich einen Überblick über die Spieletappen, die Rollen und die Ereignisse. Danach entscheiden sie sich für die jeweiligen Rollen bzw. Spielgruppen. Die Lehrperson leitet das Spiel zurückhaltend und wertet es anschließend mit den Spielerinnen und Spielern aus.

Projektlernen

Es handelt sich um ein gemeinsames, kontinuierliches, konzentriertes und intensives Befassen mit einem Thema, das in folgenden Phasen abläuft:

1. Einführung
2. Informationssammlung
3. Planung der Arbeitsschritte
4. Herstellung des Produkts
5. Produktbewertung
6. Ergebnispräsentation

In einem Projekt lassen sich unterschiedliche Lern- und Arbeitsmethoden einsetzen, und zwar Techniken der Zeitplanung, der Aufnahme, Aufbereitung und Auswertung von Wissen, der Problemlösung sowie der Wissensvermittlung und Präsentation. Darüber hinaus sind die Schülerinnen und Schüler in ihrer Selbstverantwortung und Selbstständigkeit ganz besonders gefordert. Auf Lehrerseite sind viel Experimentierfreude, Engagement, Kooperationsbereitschaft und Planung nötig.

Rollenspiel

Die Schülerinnen und Schüler versetzen sich einfühlsam in die Situation eines anderen und handeln entsprechend. Solche Lernformen sind dann geeignet, wenn es darum geht, soziale Einstellungen, Gefühle und Fertigkeiten zu erlernen. Hierzu gibt es in vielen Fächern und Stoffgebieten Spielanlässe. Man unterscheidet folgende Spielarten:

- das gelenkte Rollenspiel mit genauem Spielplan,
- das Rollenspiel mit strukturiertem Beginn und offenem Ende,
- das lediglich thematisierte, aber ansonsten spontane Rollenspiel.

Eine Klasse muss zunächst durch einfache Anfangsübungen mit dieser Unterrichtsform vertraut gemacht werden. Erst dann sind komplexere Spielaufgaben angebracht. Diese bedürfen der sorgfältigen Vorbereitung, der sicheren Spielleitung und der gründlichen Auswertung.

Stationenlernen

Es handelt sich um eine besondere Form der Freiarbeit. Die vorbereiteten Lernaufgaben und Lernmaterialien werden zu Stationen zusammengefasst, die im Klassenzimmer verteilt sind. Die Schülerinnen und Schüler lösen die einzelnen Stations-Aufgaben. Der individuelle Lernlauf wird auf Laufkarten notiert. Wenn die Einhaltung einer bestimmten Stationsfolge verlangt wird, spricht man von Lernzirkel.

Struktur-Lege-Technik

Die zentralen Begriffe eines Lerninhalts werden auf Kärtchen geschrieben. Die Schülerinnen und Schüler müssen die Kärtchen zu einer Struktur zusammenlegen. Dabei muss erkennbar sein, welche Begriffe inhaltlich zusammengehören. Die Aufgabe kann in Einzel-, Partner- oder Gruppenarbeit durchgeführt werden. Die gelegten Strukturen werden im Plenum erläutert und miteinander verglichen.

Textkooperation

Es werden Lerntandems gebildet. Alle Tandems erhalten einen Lerntext. Dieser Lerntext wird zunächst allein gelesen. Dann erläutert ein Partner dem anderen die wesentlichen Punkte des ersten Abschnitts. Der Zuhörer kann Fragen stellen und ergänzen. Beim nächsten Textabschnitt werden die Rollen getauscht. Die Prozedur geht so lange weiter, bis der Text durchgearbeitet ist.

Wochenplanarbeit

Das Lernen wird von der Lehrperson so organisiert, dass alle Schülerinnen und Schüler einer Klasse sich in einem bestimmten Zeitraum mit bestimmten Aufgaben selbstständig beschäftigt haben müssen. Am Wochenbeginn bekommen die Schülerinnen und Schüler einen Plan mit den entsprechenden Aufgaben. Innerhalb der festgelegten Wochenplanzeiten werden die Aufgaben nach selbst festgelegter Reihenfolge erledigt. Im Plan wird die Erledigung vermerkt. Die Lehrperson steht als Lernhelfer und Lernberater zur Verfügung. Am Ende der Woche wird die geleistete Wochenplanarbeit gemeinsam besprochen. Diese Unterrichtsform bringt nicht nur die Selbstständigkeitsentwicklung voran, sondern fördert auch die Fähigkeit zur Lern- und Arbeitsplanung.

Methodentag

Wenn sich eine Schule auf den Weg einer Unterrichtsreform begeben möchte, eignet sich als Start-Plattform ein Methodentag. Nach meinen Erfahrungen sollte am Beginn dieses Tages in klarer und sachlicher Form begründet werden, warum schüleraktive Unterrichtsformen angewandt werden müssen. Wichtig dabei ist, dass frontale Formen nicht als untauglich verdammt werden. Sie haben im Lehr-Lern-Prozess genauso ihren Platz wie neue Unterrichtsformen.

Nach dieser klärenden Grundinformation sollte in selbstmoderierten Arbeitsgruppen eine Bestandsaufnahme der bisherigen Unterrichtsmethodik vorgenommen werden. Die Leitfrage lautet: Wo ist unser Unterricht gut? Wo ist er verbesserungswürdig? Die Ist-Analysen der Kleingruppen werden im Plenum präsentiert, reflektiert und zu einem gemeinsamen Stärke-Schwächebild zusammengefasst. Meistens ist es so, dass sich aus den Schwachpunkten die Frage ergibt, wie durch schüleraktive Methoden die Lernmotivation, das Lernverhalten und die Schulleistungen gefördert werden können.

In einer nächsten Phase wird ein Kennenlernen neuer Unterrichtsmethoden angeboten. Möglicherweise können die Kolleginnen und Kollegen aus der eigenen Schule, die solche Methoden bereits mit Erfolg anwenden, als schulinterne Fortbildner fungieren. Möglicherweise gibt es aber auch in der Schulregion Personen, die man zum Methodentag als externe Experten einladen kann.

Nach dieser Kennenlern-Phase bilden sich Umsetzungsinseln, am besten auf Stufenebene, die miteinander vereinbaren, wer welche Methoden unterrichtlich erproben möchte. In den Umsetzungsinseln finden in Intervallen Reflexionen statt. Das heißt, dass die Umsetzungserfahrungen ausgetauscht und beurteilt werden. Nach einem größeren Zeitabstand (mindestens ein halbes Jahr später) muss ein Bilanztag stattfinden. Ziel dieses Tages ist es zum einen, kritisch zu prüfen, was gewinnbringend und was schwierig war. Zum anderen sollte der Versuch unternommen werden, ein gemeinsames Unterrichtskonzept zu konstruieren.

Programm-Muster für einen Methodentag

8.30 Uhr	Begrüßung und Vorstellung des Programms
8.45 Uhr	Impulsreferat „Neue Unterrichtsmethoden aus pädagogisch-psychologischer Sicht“ und Einführung in die Gruppenarbeit (Plenum)
9.30 Uhr	Unser Unterricht – eine Stärke-Schwäche-Analyse (Gruppenarbeit, Fixierung der Ergebnisse auf Postern)
11.00 Uhr	Pause
11.15 Uhr	Präsentation und Zusammenfassung der Arbeitsergebnisse (Plenum)
12.00 Uhr	Mittagessen
13.30 Uhr	Praktisches Kennenlernen von neuen Unterrichtsmethoden (Methoden-Gruppen) Freiarbeit Lernzirkel Gruppenpuzzle Textkooperation Moderationsmethode Zukunftswerkstatt Projektlernen

	Entdeckendes Lernen Lernmethodik-Training
16.00 Uhr	Bildung von Umsetzungsinseln und Zielvereinbarungen
17.00 Uhr	Ende

Zum Nachdenken

Eine Gruppe College-Studenten bat den Schriftsteller Sinclair Lewis, ihnen eine Vorlesung zu halten, indem sie darauf hinwiesen, dass auch sie Schriftsteller werden wollten.
Lewis begann: „Wie viele von Ihnen wollen wirklich Schriftsteller werden?“ Alle Hände gingen hoch.
„In diesem Fall hat es keinen Sinn, zu Ihnen zu sprechen. Der Rat, den ich Ihnen gebe, ist: Gehen Sie nach Hause, und schreiben Sie, schreiben, schreiben...“
Mit diesen Worten steckte er seine Notizen in die Tasche und ging hinaus.

Anthony de Mello

Weiterführende Literatur

Claussen, C. (Hrsg.): Handbuch Freie Arbeit. Konzepte und Erfahrungen. Weinheim und Basel: Beltz 1995.

Frey, K.: Die Projektmethode. Weinheim und Basel: Beltz 1998 (8. Aufl.).

Hänsel, D. (Hrsg.): Handbuch Projektunterricht. Weinheim und Basel: Beltz 1997.

Peterßen, W.H.: Kleines Methoden-Lexikon. München: Oldenbourg 1999.

Wiechmann, J. (Hrsg.): Zwölf Unterrichtsmethoden. Vielfalt für die Praxis. Weinheim und Basel: Beltz 1999.

7. Lernen lernen

„Überfüttert die Schüler nicht mit Fischen, sondern lehrt sie das Angeln!“

Gregory Bateson

Das Intelligenzpotential der Schülerinnen und Schüler ist zwar eine notwendige, aber keine hinreichende Bedingung für den Schulerfolg. Hinzu kommen müssen Stützfaktoren, die es in entsprechende Schulleistungen umsetzen helfen. Unter diesen Stützfaktoren spielen Lern- und Arbeitsmethoden eine bedeutsame Rolle. So hat die Schulerfolgsforschung immer wieder nachweisen können, dass die Methodenkompetenz insbesondere in der Sekundarstufe ein Schlüsselfaktor des Schulerfolgs ist (Thiel/Keller/Binder 1979, Weinstein 1987, Wang/Haertel/Walberg 1993/1994).

Die Bedeutung des Lern- und Arbeitsverhaltens lässt sich nicht nur aus Schulerfolgsstudien, sondern auch aus der schulpsychologischen Analyse lernproblematischer Einzelfälle ersehen. Das Ursachenmuster weist deutlich darauf hin, dass es lern- und leistungsschwierigen Schülern vor allem an wirksamen Lernmethoden mangelt. Bestätigt wird dieser Befund durch den Vergleich leistungsstarker und leistungsschwacher Schülerstichproben (Haynes u.a. 1987; Keller 1993). Ergebnis der Vergleiche war, dass die Leistungsschwächeren signifikant mehr lern- und arbeitsmethodische Defizite aufwiesen.

Die zentralen Lernmethoden

Unter Lernmethoden versteht man Hilfen zur Erleichterung, Steuerung und Verbesserung des Lernprozesses. Zum einen handelt es sich um Methoden des Verstehens, Behaltens und Anwendens von Wissen. Zum anderen gehören hierzu auch Methoden der Selbstmotivierung, der Lernorganisation und des Sich-Konzentrierens.

Globales Ziel des Lern-Methodik-Trainings ist es, Schülerinnen und Schüler zu verselbstständigen. Zu fragen ist nun, welche Lern- und Arbeitsmethoden trainiert werden sollen. Eine pädagogisch-praktische

Antwort ist meinen zahlreichen Förderversuchen und Erfolgskontrollen zu entnehmen (s. Keller 1998, Keller 1999a, Keller/Katzer 2000).

Lernstoff mehrkanalig aufnehmen

Alle Lernvorgänge beginnen mit der Aufnahme von Lernstoff über die verschiedenen Wahrnehmungskanäle. Nichts ist im Gehirn, was nicht zuvor in den Sinnen war. Bereits in dieser ersten Lernphase treten die ersten Lernschwierigkeiten auf, weil relativ viele Lernende gegen das erste Grundgesetz des Lernens verstoßen. Dieses heißt: Ein Lernstoff wird im Gehirn um so besser verankert und vernetzt, je mehr Lernkanäle bei der Stoffaufnahme benutzt werden.

Nach meinen empirischen Erhebungen verarbeitet ein Drittel der Schülerinnen und Schüler den Lernstoff mehrkanalig, ein weiteres Drittel praktiziert diesen Lernstil nur in Lieblingsfächern und das restliche Drittel lernt einkanalig und oberflächlich, meist nur lesend und anschauend. Dieser passiv-rezeptive Lernstil wird in der Schülersprache auch als Reinziehen bezeichnet. Folge davon sind Verständnis-, Gedächtnis- und Konzentrationsprobleme.

Die notwendige Alternative zum einkanaligen Lernstil ist das mehrkanalige Lernen. Für die Schülerinnen und Schüler heißt dies:

- mehrkanaliges Fremdsprachenlernen (z.B. Vokabeln lesen, sprechen, schriftlich einprägen und abrufen)
- mehrkanaliges mathematisches Üben (z.B. Lösungsverfahren am Beispiel von Aufgaben Schritt für Schritt schriftlich trainieren)
- mehrkanaliges Sachfachlernen (z.B. in Geschichte selbst eine Zeitleiste herstellen)

In meinen Wirksamkeitsstudien hat sich das mehrkanalige Lernen als effektivste Lerntechnik erwiesen.

Texte gründlich bearbeiten

Ein Großteil des Lernstoffs wird in Textform vermittelt. Viele Schülerinnen und Schüler haben Schwierigkeiten mit dem Verstehen und Behalten von Lerntexten. Aus einer meiner Lernverhaltensbefragungen geht hervor, dass Lerntexte von 37% gründlich, von 40 % mal gründlich, mal oberflächlich und von 23% generell oberflächlich verarbeitet werden. Je oberflächlicher Lerntexte verarbeitet werden, desto schlechter ist der Lernerfolg. Aus diesem Grund gehört es zu den

Hauptaufgaben der Lernförderung, Schülerinnen und Schüler zum systematischen Textlernen zu befähigen:

Elaborieren

- Verknüpfen mit dem Vorwissen
- Umformulieren in eigene Worte
- Bilder entwerfen
- Beispiele suchen
- Fragen entwerfen
- Nachfragen
- Nachschlagen

Reduzieren

- Unterstreichen/Markieren wichtiger Textstellen
- Herausschreiben von Schlüsselwörtern
- Subsummierung unter Oberbegriffen
- Anbringen von Randzeichen
- Anfertigen von Skizzen/Strukturen/Tabellen

Gedächtnisstützen benutzen

Das mehrkanalige Lernen ist eine notwendige, aber keine hinreichende Bedingung für den Lernerfolg. Insbesondere verbaler und begrifflicher Lernstoff droht rasch vergessen zu werden. Ein Grund ist, dass er primär in der gedächtnismäßig schwächeren linken Gehirnhälfte verarbeitet wird.

Deshalb muss Schülern Lernstoff so dargeboten werden, dass schwer merkbares Wissen mit Funktionsweisen der rechten Gehirnhälfte verknüpft wird. Hierzu zählen vor allem Rhythmen, Reime, Bilder, Farben, Strukturen, Tafelbilder.

Gleichzeitig müssen die Lernenden gezielt zur Benutzung der rechten Gehirnhälfte angeleitet werden, denn nur etwa ein Fünftel macht davon regen und regelmäßigen Gebrauch. Sie lernen das rechtshirnige Lernen, indem sie Texte bebildern, Merkverse schmieden, Abkürzungen kreieren oder Mind Maps entwerfen.

Das rechtshirnige Lernen sollte auch bei der Lese-Rechtschreib-Förderung stark beachtet werden. Es kommt vor allem jenen rechtschreibschwachen Schülern zugute, die sich aufgrund von Hirnreifungsverzögerungen und Hirnfunktionsstörungen Wortbilder schwer einprägen können. Als Hilfen sind besonders geeignet das rhythmisch-melodische Sprechschreiben, Merkverse oder Farbsignale zur Unterscheidung von Schreibweisen.

Lernstoff regelmäßig wiederholen

Jeder Lernstoff droht vergessen zu werden, auch jener, der zunächst mehrkanalig aufgenommen und rechtshirnig verankert worden ist. Dem Vergessen kann letztlich nur durch Wiederholung vorgebeugt werden. Mangelnde Wiederholung hat zur Folge, dass auf der Großhirnrinde keine strukturellen Spuren (Langzeitspuren) entstehen. Beim Kurzzeitlernen kommt es lediglich zu Aktivitätsspuren, die nach kurzer Zeit zerfallen.

Schülerinnen und Schüler wiederholen nicht gern Lernstoff. Sie empfinden die Prozedur als trocken und langweilig. Nur etwa ein Zehntel tut dies freiwillig und regelmäßig, der Großteil nur unter Druck und kurz vor Klassenarbeiten. Manche würden, so viele Schüleräußerungen in Lerngruppen, gerne häufiger üben, wenn sie nur wüssten, wie man effektiv Stoff wiederholt. Übungsmotivierend ist es für sie, wenn sie beispielsweise erfahren, dass viele Kurzübungen wesentlich wirksamer sind als massierte, lange Wiederholungsphasen.

Interessiert sind sie auch am lückenschließenden Wiederholungslernen. Erste Voraussetzung hierfür ist eine Fehleranalyse schlecht geschriebener Klassenarbeiten. Hat man durch eine Auszählung typischer Fehler die Lücken ausfindig gemacht, legt man in einem Wochenplan Termine fest, an denen die Lücken durch Wiederholungslernen (20-30 Minuten) geschlossen werden. Solches Wiederholungslernen empfinden Schülerinnen und Schüler als nicht so stressig wie die Generalwiederholung umfangreicher Stoffgebiete.

Als Mittel des individuellen Wiederholungslernens bietet sich zum einen das Lernkarteisystem an. Zum anderen sind auch computergestützte Wiederholungsprogramme zu empfehlen, die immer häufiger parallel zum Schulbuch angeboten werden.

Wissen sammeln, ordnen, weitergeben

Nicht alles Wissen muss im Gehirn archiviert werden. Oft genügt es, zu wissen, wo Wissen zu finden ist und wie es ausgewertet und weitergegeben werden kann. Hierzu sind folgende informatorische Fertigkeiten vonnöten:

- Notizen und Textauszüge anfertigen,
- Hefte gestalten und Ordner anlegen,
- Karteisysteme aufbauen,
- in Lexikas und CD-ROMs recherchieren,
- Bibliotheken besuchen und benutzen,
- Datenbanken anlegen und benutzen,
- sich über das Internet Informationen besorgen,
- Protokolle, Referate und Facharbeiten verfassen,
- Ergebnisse präsentieren.

Solche Fertigkeiten werden nur dann im Methodenrepertoire sicher verankert, wenn sie beim häuslichen und schulischen Lernen ständig angewandt werden. In diesem Sektor der Methodenschulung sollten Referate eine zentrale Rolle spielen. Aufgrund meiner Projekterfahrungen kann diese Aufgabe der selbstständigen Wissensproduktion schon in der Klasse 5 gestellt werden.

Probleme systematisch lösen

Es gibt Schülerinnen und Schüler, die gründlich und gut lernen, aber sich bei der Anwendung des Gelernten schwer tun. Anwendungsprobleme treten auf bei mathematisch-naturwissenschaftlichen Aufgaben, bei Grammatik- und Übersetzungsaufgaben, bei sozialkundlichen und geschichtlichen Aufgaben sowie beim Aufsatzschreiben.

Die Ursachen können liegen in:

- allgemeinen oder partiellen Begabungsdefiziten (z. B. schwaches schlussfolgerndes Denkvermögen, mangelnde Sprachflüssigkeit),
- affektiven Denkhemmungen aufgrund von starker Prüfungsangst,
- mangelhaftes Problemlöseverhalten.

Die Ursache „mangelhaftes Problemlöseverhalten“ kommt am häufigsten vor. Zentrales Merkmal ist ein impulsives, unbedachtes Vorgehen bei den Aufgabenlösungen. Dieses Verhalten wird mit einem

Mangel an lösungsförderlichen Selbstinstruktionen (Heurismen) erklärt. Folgende Heurismen sind für das Problemlösen wichtig:

- Erkennungsstrategien: sorgfältiges, konzentriertes Lesen, Sortieren in lösungsrelevante und nichtrelevante Informationen;
- Finderstrategien: Regeln und ähnliche, schon einmal gerechnete Aufgaben in Erinnerung rufen, Aufgabe vereinfachen, Lösungsskizze anfertigen, laut denken;
- Prüfstrategien: bei Schwierigkeiten den Text bzw. die Aufgabenstellung erneut lesen, Zwischen- und Endkontrollen durchführen, das Ergebnis mit der Wirklichkeit vergleichen.

Problemlösestrategien sind nicht nur im mathematisch-naturwissenschaftlichen Bereich anwendbar, sondern auch im sprachlichen (z.B. Aufsatzschreiben). Trainingsstudien haben den Beweis erbracht, dass das Problemlösen lehrbar ist (Kretschmer 1983, Aebli u.a. 1986). Das Einüben von Denkstrategien bewirkt spürbare Leistungsverbesserungen. Die Übungserfolge sind um so besser, je stoffnäher die Übungsaufgaben sind.

Lernen planen

Genauso wie die berufliche Arbeit will auch die Lernarbeit organisiert sein. Unter Lernorganisation versteht man die zweckmäßige Gestaltung der räumlich-zeitlichen Bedingungen des Lernens. Dadurch sollen unnötige Reibungsverluste und Frustrationen verhindert werden.

Erste Voraussetzung einer guten Lernorganisation ist die Zeitplanung. Das heißt, dass nicht einfach drauflos gelernt wird, sondern vorher überlegt wird, wie und in welchen Schritten der Lernstoff verarbeitet werden kann. Die Notwendigkeit des Planens ergibt sich sowohl bei der Bewältigung größerer Lernaufgaben (Hausaufgaben, Referate) als auch bei der Vorbereitung von Klassenarbeiten.

Planungsprobleme treten vor allem auf bei der:

- Gestaltung des Hausaufgabenablaufs,
- Klassenarbeitsvorbereitung,
- Erledigung von Langzeitaufgaben (z.B. Referat).

Planungsprobleme können bewältigt werden durch

- das Führen eines Aufgabenhefts,
- das schriftliche Festhalten von Terminen (persönlicher Terminkalender),
- die Anfertigung von Lernplänen (Unterteilung in Muss- und Kannziele),
- die rechtzeitige und schrittweise Vorbereitung von Klassenarbeiten.

Zur Förderung der Lernbedingungen gehört auch die rationelle Gestaltung des häuslichen Arbeitsplatzes. Bei der Analyse lernorganisatorischer Schwierigkeiten fällt immer wieder eine chaotische, das Lernen beeinträchtigende Arbeitsplatzsituation auf.

Von einem lernförderlichen häuslichen Arbeitsplatz kann gesprochen werden, wenn

- ein eigener Schreibtisch und ein körpergerechter Schreibtischstuhl vorhanden sind,
- auf der Schreibfläche sich nur Routinemittel und aktuell benötigte Unterlagen befinden,
- die Schreibfläche ausreichend beleuchtet ist und die Schreibtischlampe links postiert ist (beim Rechtshänder),
- kein Lärm den Lernprozess stört,
- regelmäßig gelüftet wird,
- die wichtigsten Arbeitsmittel griffbereit sind und sich in einem ordentlichen Zustand befinden

Sich wirksam konzentrieren

Unter Konzentration versteht man die gezielte Ausrichtung der Aufmerksamkeit auf bestimmte Ausschnitte der Außen- oder Innenwelt. Die Spanne optimaler Konzentrierbarkeit ist altersabhängig: Sie beträgt circa 20-30 Minuten.

Die erste Möglichkeit zur Anwendung konzentrationsförderlicher Strategien ergibt sich am Lernbeginn, wenn allerlei Aufschubhandlungen dem Schüler zu schaffen machen. Dem Aufschieben kann man entgegenwirken durch die Anfertigung eines Lernplanes oder durch positive Lernsuggestionen (z.B. „Konzentriert geht's wie geschmiert!“).

Manche Konzentrationsproblematik kann schon dadurch gelöst werden, dass die altersbezogene Konzentrationsspanne beachtet wird, denn optimale Aufmerksamkeit ist nur für eine begrenzte Zeit möglich. Aus dieser Erkenntnis muss auch die Konsequenz gezogen werden, beim Lernen immer wieder Pausen einzulegen. Somit erhält man das Anspannungs-Entspannungs-Gleichgewicht aufrecht. Je nach Länge der bisherigen Lernzeit sind verschiedene Pausentypen zu unterscheiden:

- eine Minipause (2-5 Minuten) nach 20-30 Minuten,
- eine Midipause (20-30 Minuten) nach 1½-2 Stunden,
- eine Maxipause (1-2 Stunden) nach 3 Stunden.

Zusätzlich zu den natürlichen Pausen empfiehlt sich der systematische Einsatz von Entspannungsverfahren. Mit ihrer Hilfe lassen sich konzentrationsstörende Überreizungen abbauen. In Frage kommen folgende Verfahren:

- progressive Muskelentspannung nach Jacobson,
- autogene Grundübungen,
- Meditationsübungen,
- musikalische Entspannung,
- Atementspannung,
- gymnastische Übungen.

Bei der Konzentrationssteuerung ist auch zu berücksichtigen, dass die Konzentrationsleistung während der Tageszeit schwankt. Häufig ist es nicht möglich, die häusliche Lernzeit auf die Tagesleistungskurve optimal auszurichten. Oft muss man in biorhythmisch ungünstigen Tagesphasen lernen. Ist dies der Fall, sollte man in einer solchen Phase konsequent Kurzpausen einlegen.

Das Konzentrationsniveau kann ebenso wirksam erhalten werden, wenn von Zeit zu Zeit der Lernweg sowie der Lernstoff gewechselt werden, denn bei einer zu langen Benutzung desselben Lernweges oder bei einer zu langen Beschäftigung mit demselben Lernstoff reduziert das Gehirn automatisch die Aufmerksamkeit.

Nicht minder wirksam ist die Reduzierung ablenkender Reize am schulischen und häuslichen Arbeitsplatz (s.o.). Je überladener die Schreibfläche ist und je mehr akustische Reize (z.B. Radiohören) vorhanden sind, desto schwieriger wird es, sich auf das Wesentliche zu konzentrieren. Ebenso schädlich sind ständige Unterbrechungen durch andere Personen.

Sich selbst motivieren

Unter Motivation versteht man all das, was die Lernaktivitäten des Schülers in Gang setzt, steuert und aufrechterhält. Motivationsstörungen treten im Schulalter relativ oft auf. Zum einen lässt sich schlechte Schülermotivation durch die Veränderung des familiären und schulischen Motivierungsverhaltens ändern (s. Keller 1995), zum anderen haben aber auch Schülerinnen und Schüler Chancen zur effektiveren Selbstmotivierung:

- Lernstarthilfen: Hilfreiche Autosuggestionen: „Tu's gleich!“, Warming-up-Übungen (z.B. Entspannungsübung), Arbeitsplatz aufräumen;
- schriftliche Zielsetzung: Lernplan anfertigen und abhaken, was erledigt ist;
- mentale Zielbilder entwerfen: sich den positiven Zustand nach dem Lernende vergegenwärtigen: „Ich bin nun fertig und kann relaxen“;
- schrittweise Zielerreichung: große Lernaufgaben (z.B. Klassenarbeitsvorbereitung, Referat, Prüfungsvorbereitung) in Etappen aufgliedern;
- selbstverstärkende Anreize finden: sich nach der Zielerreichung mit einer angenehmen Tätigkeit belohnen;
- regelmäßiger Stoffwechsel und Lernwegwechsel, um Übersättigung zu vermeiden;
- aktivierende Lernformen: mehrkanalige Stoffverarbeitung und Stoffkontrolle;
- Selbstkontrolle mit dem Lerntagebuch: protokollieren, was man täglich getan hat.

Der Unterricht als zentraler Trainingsort

Ausgangspunkt der Fördermaßnahme ist die Ist-Analyse des Lern- und Arbeitsverhaltens einer ganzen Schulklasse. Die hierfür geeigneten lerndiagnostischen Verfahren findet man in der Handreichung „Lern-Methodik-Training“ (Keller 1999), die für Lehrerinnen und Lehrer entwickelt worden ist. Diese Lerndiagnose sollte in der Anfangsphase eines Schuljahres durchgeführt werden. Aus ihr lässt sich ersehen, wo die Klasse Lern- und Arbeitsverhaltenslücken aufweist.

Aufbauend darauf wird ein Trainingsprogramm für die Klasse entwickelt. Die Förderung selbst ist integrativer Bestandteil des Unterrichts. Das heißt, dass in enger Anlehnung an Lernsituationen und an die Stoffvermittlung Lern- und Arbeitsstrategien vermittelt werden. Die unterrichtliche Umsetzung von Lernförderprogrammen zeitigt zwar nicht dieselben Wirkungen wie die Einzelfallbetreuung, macht sich aber dennoch in Form von Einstellungs- und Verhaltensänderungen sowie Leistungsverbesserungen bemerkbar. Diese Effekte werden um so wahrscheinlicher, je genauer die Zielvereinbarungen mit den Schülerinnen und Schülern getroffen werden und je kontinuierlicher im Verlauf eines Schuljahres die Lernförderung betrieben wird. Wichtig ist außerdem, dass die Förderarbeit von den in einer Klasse unterrichtenden Lehrpersonen gemeinsam geplant und realisiert wird. Schließlich ist auch sehr zu empfehlen, das Elternhaus in die Förderung einzubeziehen. Hierzu bieten sich Elternabende und Elternbriefe an (s. Keller/Hafner/Guderlei 1997, Keller 1999).

Die Wirksamkeit der Lernmethodik-Vermittlung

Wer Lernmethodik-Trainings konzipiert, sollte sie auch erfolgskontrollieren. Das heißt, er muss nachweisen, dass trainierte Schüler im Vergleich zu einer augenblicklich nicht trainierten Kontrollstichprobe sich tatsächlich auch verhaltens- und leistungsmäßig verbessern. Ich konnte in mehreren Studien nachweisen, dass die von mir entwickelten Trainingsprogramme das Lern- und Arbeitsverhalten sowie die Schulleistungen positiv verändern. In der umfangreichsten Trainingsstudie wurden 120 versetzungsgefährdete Schülerinnen und Schüler systematisch gefördert (s. Keller 1992). Im Vergleich zu einer ebenfalls versetzungsgefährdeten Kontrollgruppe verbesserte die Trainingsgruppe signifikant ihr Lernverhalten, beseitigte zu 80% ihre Versetzungsgefährdung und erhöhte ihre Durchschnittsnote von 3,8 auf 3,2.

Aus den Erfolgskontrollen geht auch hervor, dass Lernmethodik-Training bei jüngeren Schülerinnen und Schülern wirksamer ist als bei älteren. Des Weiteren ist auch klar ersichtlich, dass ein positives Beziehungsklima die Aneignung und Umsetzung vermittelter Methoden wahrscheinlicher macht. Zu diesem Klima tragen besonders bei: Lob, Wertschätzung und Ermutigung.

Was die Wirksamkeit der einzelnen Lernmethoden betrifft, schneiden am besten ab:

- mehrkanaliges Lernen,
- Zeitplanung,
- Lernen nach dem Anspannungs-Entspannungs-Rhythmus,
- systematisches Textlernen,
- regelmäßige Stoffwiederholung,
- Einsatz von Gedächtnisstützen (Skizzen, Mind Maps).

Nach intensiven Recherchen muss ich leider feststellen, dass ein Großteil der marktüblichen und werbeträchtig angepriesenen Lernratgeber, Anti-Paukbücher und Methoden-Trainings bisher nicht einer empirischen Wirksamkeitsanalyse unterzogen worden sind. Ich würde mir wünschen, dass in Zukunft mehr Augenmerk auf die Wirksamkeitsnachweise und Qualitätssicherung von Lerntrainings gerichtet wird.

Kontinuierliche und gemeinsame Lernförderung

Möchte eine Schule Lernen lernen in der oben beschriebenen Form realisieren, kommt sie nicht umhin, so meine mehr als zwanzigjährigen Fördererfahrungen, einen schulinternen Entwicklungsprozess zu beginnen. Eine SCHILF-Veranstaltung nach traditionellem Muster reicht hierfür nicht aus. Notwendig ist die gründliche Erarbeitung eines pädagogischen Konzepts, das danach kontinuierlich in die tägliche Unterrichtsarbeit umgesetzt wird. Voraussetzung für den Start in ein solches Vorhaben ist allerdings, dass es vom Kollegium gewünscht, kooperativ vorbereitet und von einem externen Schulberater begleitet wird.

Der Weg beginnt mit einem Pädagogischen Tag (s. u.), in dessen erster Phase das Kollegium mit allgemeinen und fachspezifischen Lern- und Arbeitsmethoden vertraut gemacht wird. Die einzelnen Arbeitsstationen bestehen aus prägnanten Kurzinformationen, lernprak-tischen Übungen und gemeinsamen Reflexionen. In der zweiten Phase analysieren die Lehrerinnen und Lehrer in stufenbezogenen Kleingruppen das Lern- und Arbeitsverhalten der Schülerinnen und Schüler. Nach dieser Bestandsaufnahme wird überlegt, mit welchen Fördermethoden die festgestellten Defizite abgebaut werden können. Hierzu ist das in Kapitel 2 beschriebene Methodenrepertoire hilfreich. Am Ende der Maßnahmenplanung steht ein entwicklungsbezogenes Lernförderkonzept. Einen Einblick in eine solche Konzeptentwicklung bzw. Förderplanung zeigt das folgende Beispiel, das dem Pädagogischen Tag einer Realschule entnommen ist:

Klasse 5:

- selbstständige Hausaufgabenerledigung
- selbstständige Klassenarbeitsvorbereitung
- mehrkanaliges Vokabellernen
- Wiederholen mit der Lernkartei
- Markieren und Bebildern von Sachtexten
- schrittweises Lösen mathematischer Aufgaben
- Benutzung von Nachschlagewerken

Klasse 6:

- Wiederholung und Vertiefung der in Klasse 5 vermittelten Techniken

Klasse 7:

- Selbstkontrolle mit dem Lerntagebuch
- Anfertigung von Textauszügen
- Herausschreiben von Schlüsselwörtern
- Schlüsselwörter in Zusammenhang bringen (Mind Mapping)
- Wichtiges mündlich wiedergeben
- kooperative Textbearbeitung
- Aneignung einfacher Entspannungstechniken

Klasse 8:

- Anleitung zur Bewältigung von Motivationsproblemen
- Regelmäßige Konzentrations- und Entspannungsübungen
- Prinzip des aktiven, mehrkanaligen Lernens in Erinnerung rufen
- Stoff mit selbstangefertigten Aufgabenkarteien einüben

Klasse 9/10:

- Selbstmotivierung durch gründliche Berufsorientierung
- systematische Informationssammlung, -auswertung und -weiter-

gabe (Referate)

- Anleitungen zur Prüfungsvorbereitung (Zeitplanung, Systematisierung der Unterlagen)
- Tipps zur aktiven Stoffwiederholung
- Anregungen zur kooperativen Prüfungsvorbereitung

Die dritte Phase der Auftaktveranstaltung besteht darin, dass die stufenbezogenen Förderkonzepte im Plenum präsentiert und zu einem gemeinsamen pädagogischen Konzept integriert werden. Damit die Förderkonzepte in den einzelnen Klassen tatsächlich auch umgesetzt werden, sind baldige Klassenkonferenzen vonnöten. In diesen muss geklärt und abgesprochen werden, wer welche Förderaufgabe übernimmt. Dies kann beispielsweise so aussehen, dass der Klassenlehrer fachübergreifende Lern- und Arbeitsmethoden vermittelt (z.B. Motivations- und Planungsmethoden) und die Fachlehrer fachspezifische Methoden einüben (z.B. das mehrkanalige Vokabellernen, das Vokabelwiederholen mit der Lernkartei, das schrittweise Lösen von Mathematikaufgaben).

Im weiteren Verlauf des Schuljahres müssen die Fördererfahrungen zunächst in einer Klassenkonferenz bilanziert werden. Dies bedeutet, dass die einzelnen Lehrerinnen und Lehrer sich gegenseitig berichten, wie die Umsetzung verlaufen ist (Was ist gut gelungen? Was war schwierig?) und wie sie im kommenden Schuljahr verbessert werden kann.

Damit die Lernförderung als gemeinsames pädagogisches Konzept sichtbar und wirksam bleibt, wird über kurz oder lang auch eine Bilanzsitzung fällig, die im Rahmen einer Gesamtlehrerkonferenz durchgeführt werden kann und an der der externe Schulberater als „äußeres Entwicklungsgewissen" teilnehmen sollte.

Hat eine Schule diese ersten Entwicklungsstufen hinter sich gebracht, ist sie auf dem besten Weg zur Weiterentwicklung der Methodenkultur. Und aus der Vielzahl der kleinen Entwicklungsschritte können große Wirkungen entstehen!

Programm-Muster für einen Pädagogischen Tag zum Thema „Lernen lernen"

8.30 Begrüßung und Vorstellung des Programms

8.45 Allgemeine und fachbezogene Lernmethoden

(Informationen, Übungen, Erfahrungsaustausch)

10.00 Pause

10.20 Fortsetzung

12.00 Mittagessen

13.45 Wie kann Lernen lernen an unserer Schule realisiert werden? (klassenstufenbezogene Gruppenarbeit, Ergebnisfixierung auf Postern)

15.30 Pause

15.45 Ergebnispräsentation und Zielvereinbarungen Plenum

17.00 Ende

Lernzielkatalog „Lernen lernen"

Selbstmotivierung

- sich vor dem Lernstart aufwärmen,
- sich Ziele schriftlich setzen,
- sich nach dem Lernen mit angenehmen Tätigkeiten belohnen,
- Fortschritte und Erfolge positiv bewerten,
- sich nach Misserfolgen ermutigen,
- Schulfächern, die man zunächst nicht mag, positive Aspekte abgewinnen.

Lernorganisation

- zu festen Zeiten lernen (Gewohnheitsbildung),
- Hausaufgaben und wichtige Termine schriftlich festhalten,
- das tägliche Lernpensum in Muss- und Kannziele einteilen,
- Klassenarbeiten schrittweise vorbereiten,
- den Arbeitsplatz lernförderlich gestalten,
- Lern- und Arbeitsmittel pfleglich behandeln.

Informationen sammeln, ordnen, weitergeben

- Notizen anfertigen, Hefte sauber führen, Ordner anlegen,
- Informationen in Nachschlagewerken, in Bibliotheken und im Internet suchen,
- Informationen zusammenfassen (z.B. in Form eines Schaubildes),
- Informationen weitergeben (Protokolle, Referate, Facharbeiten).

Verständnis, Gedächtnis, Problemlösen

- neuen Lernstoff besser verstehen durch Verknüpfung mit Bekanntem, bildhaftes Vorstellen, Vereinfachen, Nachschlagen,
- mehrkanalige Stoffverankerung: Sehen + Hören + Sprechen + Schreiben + Zeichnen + Handeln,
- Texte gründlich verarbeiten durch Unterstreichen, Herausschreiben, Strukturieren, Skizzieren,
- Gedächtnisstützen verwenden (Merkverse, Bilder, Merkwörter),
- selbstständige Lernkontrollen durchführen,
- alten Lernstoff systematisch wiederholen (z.B. mit der Lernkartei),

- beim Lösen von Aufgaben Strategien anwenden: Brainstorming, Text in eigene Worte umformulieren, lösungsförderliche Fragen stellen (Was ist gegeben? Was ist gesucht? Welche Regel kann ich anwenden?), Lösungsskizze anfertigen, Ergebnisse überprüfen.

Konzentration

- das Arbeits-Erholungs-Gleichgewicht erhalten durch Lernpausen und Entspannungsübungen,
- Konzentrationsabfall durch Lernstoff- und Lernwegwechsel entgegenwirken,
- Aufschubhandlungen durch klare Zielsetzungen vorbeugen,
- ablenkende Reize am Arbeitsplatz beseitigen,
- die Lernzeiten besser an den Biorhythmus anpassen.

Die wichtigsten Lerntipps kurz und bündig

Lernplanung

Die wichtigsten Termine (z.B. Klassenarbeiten) in einem Terminkalender schriftlich festhalten. Hausaufgaben ins Hausaufgabenheft eintragen. Klassenarbeiten frühzeitig und in Portionen vorbereiten.

Hausaufgaben

Nicht gleich nach dem Mittagessen anfangen, sondern zunächst etwa eine halbe Stunde ausruhen. Möglichst zu festen Zeiten lernen. Zuerst die leichteren Aufgaben in Angriff nehmen. Wenn viel zu lernen ist, einen kleinen Tagesplan anfertigen. Abhaken, was erledigt ist.

Heftführung

Leserlich schreiben und sauber zeichnen. Überschrift und Datum nicht vergessen. Wichtiges durch Unterstreichen und Markieren hervorheben. Den Hefteintrag abschließend kontrollieren, damit nichts Falsches gelernt wird.

Lernpausen

Nach dem Rhythmus von Anspannung und Entspannung lernen. Nicht zu lange an einem Stück lernen, sondern immer wieder Pausen einlegen. In den Pausen den Lernstress abbauen durch Dehn- und Streckübungen, tiefes Ein- und Ausatmen, Musikhören.

Arbeitsplatzgestaltung

Vor dem Lernen aufräumen, ablenkende Sachen weglegen. Bei schwierigem Stoff das Musik- und Radiohören vermeiden.

Mehrkanaliges Lernen

Sich Lernstoff nicht nur übers Durchlesen und Anschauen aneignen, sondern auch andere Lernkanäle benutzen: Sprechen + Hören + Schreiben + Bilder anfertigen + Handeln.

Lernstoffwechsel

Sich nicht zu lange mit demselben Stoff beschäftigen, sondern lieber abbrechen und ein anderes Fach dazwischen schieben. Ähnliche Fächer nicht hintereinander lernen.

Lernkontrolle

Prüfen, ob das Gelernte tatsächlich auch sitzt: das Wichtigste in Stichworten wiedergeben, selbst Fragen stellen und beantworten, Übungsaufgaben lösen, sich abhören lassen.

Gedächtnisstützen

Bei schwer einprägbarem Lernstoff Zeichnungen, Bilder, Merkverse oder Abkürzungen als Stützen verwenden. Beispiel: Acht-null-null: Karl stieg auf den Stuhl (Im Jahre 800 wurde Karl der Große zum Kaiser gekrönt).

Wiederholungslernen

Lücken, die nach Klassenarbeiten sichtbar werden, durch gezieltes Wiederholen und Auffrischen schließen. Schwer merkbaren Lernstoff markieren oder in Lernkarteiform (Vorderseite: Frage – Rückseite: Antwort) bringen und regelmäßig wiederholen.

Vokabellernen

Vokabeln zunächst laut lesen und dann mehrmals schriftlich kontrollieren, bis sie sitzen. Nach 8-10 Vokabeln eine kleine Pause machen, insgesamt nicht mehr als 30-40 pro Tag lernen. Schwer merkbare Vokabeln im Vokabelheft markieren oder auf Lernkarteikarten übertragen und während des Schuljahres immer mal wiederholen.

Mathelernen

Das Matheheft sauber und übersichtlich gestalten. Haupt- und Nebenrechnungen voneinander trennen. Merksätze und Formeln besonders hervorheben. Schwierige Übungsaufgaben zu Hause nochmals schriftlich trainieren. Hausaufgaben möglichst an dem Tag machen, an dem sie aufgegeben wurden.

Textlernen

Lange Lerntexte nicht auf einmal lernen, sondern schrittweise. Schritt 1: Überfliegen. Schritt 2: Gründlich lesen. Schritt 3: Wichtiges herausschreiben, unterstreichen, zeichnen, in eigenen Worten zusammenfassen. Schritt 4: Wiederholen. Schritt 5: Durch Aufsagen oder stichwortartiges Aufschreiben prüfen, ob wesentliche Textinhalte verstanden und behalten worden sind.

Literaturhinweise

Keller, G.: Lernen will gelernt sein! Ein Lerntraining für Schüler. Wiesbaden: Quelle & Meyer Verlag 1998 (6. Aufl.).

Keller, G.: Der Lernknigge für Jugendliche und junge Erwachsene. Bad Honnef: Bock 1994 (2.Aufl.).

Keller, G./Binder, A./Thiel, R.D.: Sich besser motivieren – erfolgreicher lernen. Göttingen: Hogrefe 1997 (2. Aufl.).

Diagnose des Lern- und Arbeitsverhaltens

Wer das Lernen lehren möchte, sollte zunächst den Ist-Zustand der Schülerinnen und Schüler diagnostizieren. Zu diesem Zweck wurde die folgende Lerncheckliste (s.u.) entwickelt. Sie ist ein Selbsteinschätzungsbogen zu den fünf zentralen Bereichen des Lern- und Arbeitsverhaltens:

1. Lernmotivation
2. Lernorganisation
3. Gedächtnis
4. Konzentration
5. Problemlösen

Jedem dieser Lern- und Arbeitsverhaltensbereiche sind fünf Zielverhaltensweisen zugeordnet worden, die sich bei der Bewältigung von Lern- und Leistungsschwierigkeiten als besonders hilfreich und wirksam erwiesen haben. Die Zielverhaltensweisen sind als Ich-Aussagen formuliert. Der Schüler muss auf der fünfstufigen Antwortskala ankreuzen, wie häufig diese Aussage auf ihn zutrifft (1 = nie, 2 = selten, 3 = manchmal, 4 = häufig, 5 = immer). Aus der angekreuzten Zahl lässt sich somit ersehen, wie weit der Schüler von der jeweiligen Zielverhaltensweise entfernt ist. Um besser zu erkennen, wo die Stärken und Schwächen liegen, kann man die Ankreuzungen in den einzelnen Lern- und Arbeitsverhaltensbereichen miteinander zu einer Linie verbinden. Diese Darstellung nennt man Lernverhaltensprofil.

Vor der Anwendung dieser Checkliste sollte dem Schüler mitgeteilt werden, dass er sein Lern- und Arbeitsverhalten kritisch und ehrlich einschätzen soll. Das heißt, er muss es so beurteilen, wie es momentan tatsächlich ist, und nicht, wie es sein sollte. Die Selbsteinschätzung weist den Weg zur Verhaltensänderung. Der Schüler muss Zielverhaltensweisen, die er nur mit manchmal, selten oder nie angekreuzt hat, künftig häufiger zeigen. Zu ihrer Aneignung und Förderung eignen sich die in diesem Kapitel dargestellten Methoden.. Nach dem Training kann man die Checkliste nochmals zur Kontrolle anwenden und einen Vorher-Nachher-Vergleich durchführen.

Checkliste zur Selbsteinschätzung des Lern- und Arbeitsverhaltens

Name..................Vorname...............Schule.............Klasse........Alter.....

Kreuze ehrlich an, in welchem Maße die folgenden Aussagen auf dich zutreffen.

Lernmotivation

	nie	selten	manchmal	häufig	immer
1. Ich kann selbstständig lernen, ohne dass meine Eltern mich drängen oder mir drohen müssen.	1	2	3	4	5
2. Ich erledige meine Hausaufgaben.	1	2	3	4	5
3. Auf Klassenarbeiten bereite ich mich gründlich vor.	1	2	3	4	5
4. Ich setze mir Ziele, um mich zum Lernen zu bewegen.	1	2	3	4	5
5. Ich arbeite im Unterricht mit.	1	2	3	4	5

Lernorganisation

6. Ich trage angesagte Klassenarbeiten in einem Terminkalender ein.	1	2	3	4	5

7.	Ich schreibe auf, welche Hausaufgaben zu erledigen sind.	1	2	3	4	5
8.	Ich bereite mich auf Klassenarbeiten frühzeitig vor.	1	2	3	4	5
9.	Wenn viel zu lernen ist, lege ich vorher genau fest, was ich in welcher Reihenfolge anpacke.	1	2	3	4	5
10.	Häufig benötigte Arbeitsmittel sind an meinem häuslichen Lernplatz griffbereit.	1	2	3	4	5

Gedächtnis

11.	Ich prüfe schriftlich, ob meine Vokabeln sitzen.	1	2	3	4	5
12.	Ich bereite mich auf Mathematikarbeiten vor, indem ich einzelne Aufgaben nochmals schriftlich rechne.	1	2	3	4	5
13.	Aus Lerntexten schreibe ich wichtige Stichwörter heraus.	1	2	3	4	5

14.	Das Einprägen schwer merkbaren Lernstoffes erleichtere ich mir durch Bilder oder bildhafte Vorstellungen..	1	2	3	4	5
15.	Ich wiederhole alten Lernstoff.	1	2	3	4	5

Aufgabenlösen

16.	Ich rechne nicht drauflos, sondern überlege zunächst gründlich, was gegeben bzw. gesucht ist und welche Regel ich anwenden kann.	1	2	3	4	5
17.	Schwierige Aufgabentexte mache ich mir verständlich, indem ich sie in eigene Worte übersetze oder eine Zeichnung anfertige.	1	2	3	4	5
18.	Während der Aufgabenlösung frage ich mich immer mal wieder, ob ich noch auf dem Weg zum Ziel bin.	1	2	3	4	5

19. Wenn ich mich verrannt habe, gebe ich nicht sofort auf, sondern mache mir Mut.	1	2	3	4	5
20. Ich prüfe das Endergebnis genau.	1	2	3	4	5

Konzentration

21. Beim häuslichen Lernen lege ich Pausen ein.	1	2	3	4	5
22. Wenn ich lerne, ist es leise.	1	2	3	4	5
23. Ich achte darauf, dass auf meinem Lernplatz nur Lernsachen liegen.	1	2	3	4	5
24. Wenn es mir langweilig wird, wechsle ich den Lernstoff.	1	2	3	4	5
25. Im Unterricht passe ich gut auf.	1	2	3	4	5

Zum Nachdenken

Sie laufen durch den Wald und treffen auf einen Mann, der fieberhaft daran arbeitet, einen Baum umzusägen.
„Was machen Sie da?“ fragen Sie.
„Das sehen Sie doch“, antwortet er ungeduldig. „Ich säge diesen Baum ab.“
„Sie sehen erschöpft aus. Wie lange sind Sie denn schon zugange?“
„Über fünf Stunden“, sagt er, „und ich bin k.o.! Dies ist harte Arbeit.“

„Warum machen Sie dann nicht ein paar Minuten Pause und schärfen die Säge? Ich bin sicher, dass es dann viel schneller ginge."
„Ich habe keine Zeit, die Säge zu schärfen", ruft der Mann emphatisch.
„Ich bin zu sehr mit dem Sägen beschäftigt."

Stephen Covey

Weiterführende Literatur

Keller, G.: Lernen will gelernt sein! Ein Lerntraining für Schüler. Wiesbaden: Quelle & Meyer Verlag 1998 (6. Auflage).

Hitzler, W./Keller, G.: So lerne ich richtig. Lerntechniken für Grundschüler – Eine Hilfe für den Übertritt. Donauwörth: Auer Verlag 1999 (3. Auflage).

Keller, G.: Lehrer helfen lernen. Lernförderung, Lernhilfe, Lernberatung. Donauwörth: Auer Verlag 1999 (5. Auflage).

Keller, G.: Lern-Methodik-Training. Ein Übungsmanual für die Klassen 5-10. Großformat. Mit zahlreichen Kopiervorlagen. Göttingen: Hogrefe 1999.

Keller, G./Katzer, E.: Lernen, Denken, Entspannen. Übungen zur Förderung des Lernverhaltens. Mit 84 Kopiervorlagen für die Sekundarstufe I + II. Donauwörth: Auer Verlag 2000 (2.Aufl.).

Keller, G./Binder, A./Thiel, R.-D.: Sich besser motivieren – erfolgreicher lernen. Göttingen: Hogrefe Verlag 1997.

8. Soziales Lernen

„Der Mensch wird nur zum Menschen in der Beziehung zum Mitmenschen."

Martin Buber

Der Prozess des sozialen Lernens scheint empfindlich gestört zu sein, denn am Sozialverhalten der Schülerinnen und Schüler ist in den letzten Jahren immer wieder massiv Kritik geübt worden.

Auf der Basis empirischer Erhebungen kann davon ausgegangen werden, dass ca. 10% der Schülerinnen und Schüler besonders aggressiv sind und dieses Potential in unterschiedlichen Formen zum Ausdruck bringen (Olweus 1995, Schubarth u.a. 1996, Busch/Todt 1998). Brennpunkte von Aggression und Gewalt sind Haupt- und Sonderschulen sowie Berufsvorbereitungsklassen. Aus der weiteren Analyse geht hervor, dass

- die psychisch-verbalen Erscheinungsformen das Verhaltensbild dominieren, also nicht die im Vordergrund der Medien stehenden physischen Extremformen,
- die Problemspitze in der Altersgruppe der 13-15-Jährigen liegt,
- Jungen aggressiver und gewalttätiger sind als Mädchen,
- Aggression und Gewalt sich in großstädtischen Regionen häufiger ereignen.

Die Problemquote von 10% soll nicht so verstanden werden, dass die übrigen 90% der Schülerinnen und Schüler engelsgleich sind. Sie weisen im weiteren Bereich des Sozialverhaltens teilweise gravierende Defizite auf. Mängel gibt es sowohl bei den sozialen Einstellungen (z.B. Intoleranz, Egoismus) als auch bei den sozialen Grundfertigkeiten (z.B. Zusammenarbeiten, Zuhören, Helfen).

Aufgrund dieser Situation müssen wir uns mit dem Sozialverhalten unserer Schülerinnen und Schüler intensiver als bisher beschäftigen, weil

- ohne ein Mindestmaß an sozialer Anpassung Unterricht nicht möglich ist,
- die Zunahme der Gewalt die seelische und körperliche Unversehrtheit vieler Kinder und Jugendlicher gefährdet,
- soziale Lerndefizite die Berufschancen der Schulabsolventen beeinträchtigen.

Bausteine des sozialen Lernens

Hauptverantwortlich für die Sozialerziehung ist nach wie vor die Familie. Doch aufgrund entwicklungsstörender gesellschaftlicher Einflüsse und zunehmender Erziehungsdefizite kann die Schule immer weniger davon ausgehen, dass die Schülerinnen und Schüler von zu Hause ein fertiges Sozialverhalten mitbringen. Konsequenz daraus kann nur sein, ein auf die Besonderheiten der Schule abgestimmtes Konzept der Sozialerziehung zu entwickeln und es ins pädagogische Handeln gemeinsam umzusetzen (Korte 1996, Keller 1997, Keller/Hafner 1999). Unabhängig davon, welche schulspezifischen Akzente gesetzt werden müssen, sollte ein soziales Lernkonzept Grundbausteine enthalten, die sich in der schulischen Sozialerziehung als unverzichtbar erwiesen haben.

Normverdeutlichung und Grenzziehung

Positives Sozialverhalten entwickelt sich bei nur wenigen Kindern und Jugendlichen primär aus Einsicht. Auf dem komplizierten Entwicklungsweg zum moralisch selbstverantwortlichen Wesen brauchen die Heranwachsenden Regeln, Warnschilder, Normverdeutlichungen und Grenzziehungen.

Die Grenze ist immer dort, wo die körperliche und seelische Unversehrtheit des Mitmenschen beginnt. Die Verdeutlichung von Normen und das Ziehen von Grenzen bedürfen einer positiven Autorität. In der Schule wird sie durch die Lehrperson verkörpert. Und zwar dadurch, dass sie selbst mit gutem Beispiel vorangeht, die Schülerinnen und Schüler von der Notwendigkeit achtsamer Zwischenmenschlichkeit überzeugt und Orientierungen vermittelt.

Konsequenz

In den Aggressionsstudien der letzten Jahre haben Schülerinnen und Schüler die Inkonsequenz der Erwachsenen immer wieder als Ursache ihres Fehlverhaltens genannt. Wo Grundregeln des Zusammenlebens gravierend verletzt werden, muss in Familie und Schule konsequent reagiert werden. Das heißt: Dem Normverletzer muss unmissverständlich bewusst werden, dass die körperliche und seelische Verletzung des Mitmenschen Folgen hat. Die Schwachen haben ein Recht auf Schutz. Und bei der Durchsetzung dieses Rechts kann man auf Strafen nicht verzichten. Wenn Strafen dem Fehlverhalten angemessen sind und die Würde des Schülers nicht verletzen, sind sie auch wirksam. Je mehr auf Sanktionen verzichtet wird, desto stärker breiten sich in einer Schule Fehlverhaltensweisen aus und desto mehr wird Unrecht zum selbstdefinierten Recht. Konsequent sein setzt voraus, dass die Lehrerinnen und Lehrer im Schulgeschehen präsent sind. Olweus (1995) hat in seinen Aggressionsstudien einen eindeutigen Zusammenhang zwischen der Lehrerpräsenz und dem Aggressionslevel der Schülerinnen und Schüler nachgewiesen. Dort, wo beispielsweise die Pausenaufsicht nachlässig gehandhabt wird, hat eine Schule automatisch mehr Gewaltprobleme. Dort, wo die Pausenaufsicht ernst genommen und auf aggressives Verhalten sofort reagiert wird, ist das Sozialverhalten der Schülerinnen und Schüler positiver.

Wenn Normen des Zusammenlebens ernsthaft verletzt werden, können Strafen nicht ausbleiben. Die Strafe muss dem Fehlverhalten angemessen sein. Sie sollte ihm unmittelbar folgen, sie darf die Würde der Person nicht verletzen und sie sollte nach dem Prinzip der natürlichen Konsequenzen gehandhabt werden (Entzug von Belohnungen und Vergünstigungen, Wiedergutmachung von Schäden, Übernahme gemeinnütziger Aufgaben). Strafen sind auch zu begründen und zu erläutern. Dies fördert die Einsicht in den Sinn von Verhaltensregeln.

Bei sehr schweren Vorfällen ist ein sofortiger Ausschluss notwendig. Es ist alles zu vermeiden, was bei den Tätern das Gefühl erzeugt, dass sie mit ihrem Fehlverhalten Erfolg haben (Korte 1994).

Pädagogischer Konsens

Soziale Verhaltensstörungen treten dort häufiger auf, wo sich Lehrerinnen und Lehrer hinsichtlich grundsätzlicher Erziehungsziele und Erziehungsmethoden uneins sind, wo Beliebigkeit und Gegenläufigkeit das pädagogische Handeln kennzeichnen. Daraus folgt, dass ein Kollegium ein pädagogisches Konzept, einen Ethos erarbeiten muss, an dem sich das Handeln ausrichtet (s. Keller 1997). Ort dieser Konsensbildung sind die Gesamtlehrerkonferenz und die Klassenkonferenz. Rutter (1980) fand in seiner berühmt gewordenen Schulqualitätsstudie heraus, dass ein pädagogischer Konsens Verhaltensstörungen in deutlichem Maße reduzieren hilft. Es versteht darunter nicht ein Handlungskorsett, das den einzelnen Lehrer einengt, sondern einen Handlungsrahmen. Dieser besteht aus gemeinsam erarbeiteten und getragenen Grundsätzen, an denen sich die tägliche pädagogische Arbeit orientiert.

Humane Kommunikation

Damit die Schülerinnen und Schüler zur Identifikation und zur Wertverinnerlichung bereit sind, muss die Lehrperson zu ihnen eine positive emotionale Beziehung aufbauen (s. Miller 1999a). Erstens ist darunter zu verstehen, dass sie den Schüler als Menschen achtet. Das Bemühen um diesen grundsätzlichen Respekt heißt nicht, dass sie alles gutheißen muss. Zweitens soll sie sich darum bemühen, sich in den Schüler einzufühlen, ihn aus seiner Perspektive zu verstehen. Drittens ist Echtheit anzustreben. Das heißt nicht, dass sie alles, was ihr auf der Zunge liegt, ausspricht, sondern dass das, was sie sagt, mit ihren Gefühlen übereinstimmt. Viertens wünschen sich Schülerinnen und Schüler von der Lehrperson, dass sie auf Kränkungen, Bloßstellungen und Killerbotschaften als Mittel der Verhaltenssteuerung verzichtet. Tadel und Kritik sollen sich auf das Fehlverhalten des Schülers beziehen und sollten nicht aus Giftpfeilen bestehen, die die persönliche Ehre verletzen („Schade, dass dein Vater dich gezeugt hat", „Dir hat man in den Kopf geschissen"). Fünftens bedeutet humane Kommunikation auch, dass Schülerinnen und Schüler für positives Leistungs- und Sozialverhalten gelobt und dort, wo es ihnen nicht so gut geht, ermutigt und ermuntert werden. Eine Lehrperson, die selbst eine humane Kommunikation vorlebt, erzeugt Nachahmung und Identifikation.

Übertragung von Verantwortung

Verantwortung bezieht sich nicht nur auf den Menschen selbst, sondern immer auch auf die Gemeinschaft, den Mitmenschen, die Mitwelt. Die Förderung der Verantwortungsbereitschaft beginnt in der

Familie, wenn Kinder im Haushalt mithelfen, jüngere Geschwister betreuen oder Haustiere pflegen. Die frühe Übertragung von Verantwortung, so der Entwicklungspsychologe Paul Mussen (1993), beeinflusst in starkem Maße die Herausbildung des prosozialen Verhaltens. Erforderlich ist, dass die Schule diesen Entwicklungsprozess fortsetzt, indem sie Schülerinnen und Schülern gezielt Aufgaben delegiert. Geeignet hierfür sind nicht nur traditionelle Aufgaben wie Klassenbuch-, Tafel- und Kartendienst, Hilfestellung im Sportunterricht oder Pflanzenpflege, sondern auch Schülerpatenschaften und Mentorentätigkeiten. Ein zweites Lernfeld ist die Übernahme und Durchführung von Gemeinschafts- und Informationsaufgaben (z.B. Schulveranstaltungen, Schülerzeitung) im Rahmen der Schülermitverantwortung. Im Bewusstsein der Mitverantwortung entwickeln Schülerinnen und Schüler, so ein wichtiges Resultat der oben erwähnten Rutter-Studie, ein positiveres Sozialverhalten.

Sozialer Verhaltenskodex

Die Schule muss das, was sie an Positivverhalten erwartet, der Schülerschaft und den Eltern verdeutlichen, und zwar in Form eines Schulkodexes (s. Kap. 4). Dieser besteht aus allgemeinen sozialen Verhaltenserwartungen und speziellen Schulregeln. Die Akzeptanz sozialer Normen ist dort besonders stark, wo der allgemeine Schulkodex durch einen von der Klasse erarbeiteten Kodex des Zusammenlebens ergänzt wird. Der Klassenkodex hängt als Poster an der Wand des Klassenzimmers und erinnert den einzelnen Schüler an seine sozialen Verpflichtungen. Ausgangspunkt der Entwicklung eines Klassenkodexes ist folgende zentrale Frage: „Was dürfen dir die anderen nicht antun?“ Diese Wünsche und Erwartungen an die anderen werden auf Kärtchen geschrieben. Anschließend werden die Kärtchen von den Schülerinnen und Schülern vorgelesen und auf einer Stellwand zu Gruppen ähnlicher Wünsche zusammengefügt. Die Gruppen erhalten regelartige Überschriften in der Wir-Form (z.B. „Wir gehen friedlich miteinander um.“). Als Beispiel sei der folgende Kodex genannt:

- Wir gehen fair miteinander um.
- Wir achten uns.
- Wir hören einander zu.
- Wir äußern Kritik friedlich.
- Wir sind höflich.

- Wir sind ehrlich.
- Wir haben Verständnis füreinander.

Auf diesen Klassenkodex kann während des Schuljahres immer wieder Bezug genommen werden, und zwar vor allem dann, wenn Regeln verletzt worden sind. Die Regelverletzung ist der Ausgangspunkt eines klärenden Dialogs, den die Klasse unter Begleitung der Lehrperson führt. Die Grundidee der selbstständigen Regelerstellung ist dem Just-Community-Konzept von Kohlberg (1996) entnommen. Nach seinen Erkenntnissen und Erfahrungen halten sich Schüler eher an Regeln, wenn sie diese selber entwickeln und gestalten dürfen.

Soziale Lernübungen

Es ist schwierig, die Grundziele des sozialen Lernens genauer zu bestimmen, weil die Auffassungen über gutes und schlechtes Sozialverhalten sehr unterschiedlich sind. Dennoch ist eine Einigung auf einen Lernzielkatalog wie den folgenden möglich:

- Hilfsbereitschaft: anderen helfen, mit anderen etwas teilen, anderen etwas schenken, sich für einen anderen einsetzen, füreinander einstehen;
- Friedfertigkeit: die Würde des Mitmenschen respektieren, das Recht des Mitmenschen auf körperliche und seelische Unversehrtheit anerkennen;
- Kooperationsfähigkeit: mit anderen zusammenarbeiten, mit anderen spielen, Vorhaben gemeinsam planen und durchführen, Konkurrenzgefühle und Neid überwinden;
- Selbstbeherrschung: Gefühle differenziert äußern, Gefühle ohne Zorn äußern, Ärger bewältigen, Bedürfnisspannungen aushalten;
- soziale Sensibilität: sich in andere einfühlen (Empathie), Mitgefühl zeigen, Rücksicht nehmen, Anteil nehmen;
- Selbstbehauptung: sich angemessen behaupten, sich beschweren, sich für seine Rechte einsetzen, mit Gruppendruck umgehen;
- Konfliktfähigkeit: positiv streiten, Kritik konstruktiv äußern, Streit schlichten, Kompromisse eingehen, verhandeln;
- Kommunikationsfähigkeit: verständlich reden, aktiv zuhören, Ich-Botschaften senden, Rückmeldung geben und annehmen, jemanden fragen, Bitten äußern;
- Toleranz: eigene Vorurteile erkennen und abbauen, die Verschiedenartigkeit der Menschen respektieren;

- Verantwortungsbewusstsein: Aufgaben und Pflichten übernehmen, Lebensrollen erproben;
- Höflichkeit: grüßen, danke sagen, um Erlaubnis fragen, sich entschuldigen.

Systematisch gefördert werden können diese Verhaltensweisen durch soziale Lernübungen, die in Form von Rollenspielen durchgeführt werden. Hierzu gibt es bewährte Übungsmanuale (s.u.). In den Übungen und Spielen lernen die Schülerinnen und Schüler das Mitteilen von Gefühlen, das aktive Zuhören, die Überwindung von Kontaktängsten, die friedfertige Bewältigung von Provokationen, die Teamarbeit, den Abbau von Vorurteilen und prosoziales Verhalten. Wer solche soziale Lernübungen einsetzen möchte, findet in folgenden Materialien zahlreiche Rollenspiele:

Baer, U. u. a.: Remscheider Spielkartei. 24 Spielketten zum Sozialen Lernen. Bremen 1985. Bezugsadresse: Ökotopia, Spielevertrieb & Verlag, Hafenweg 26, 48155 Münster.

Baer, U.: 666 Spiele für jede Gruppe und alle Situationen. Seelze: Kallmeyersche Verlagsbuchhandlung 1995 (2. Aufl.)

Mitschka, R.: Die Klasse als Team. Ein Wegweiser zum Sozialen Lernen in der Sekundarstufe. Linz: Veritas 1997.

Walker, J.: Gewaltfreier Umgang mit Konflikten. Grundlagen und didaktisches Konzept. Spiele und Übungen für die Klassen 1-4. Frankfurt am Main: Cornelsen Scriptor 1995.

Walker, J.: Gewaltfreier Umgang mit Konflikten in der Sekundarstufe I. Frankfurt am Main: Cornelsen Scriptor 1996.

Konstruktive Konfliktlösung

Eine weitere Möglichkeit zur Förderung des sozialen Lernens bietet die konstruktive Bearbeitung aktueller Konflikte . Konstruktiv heißt, dass Konflikte gemeinsam beschrieben, analysiert und gelöst werden. Nach folgenden Schritten kann die Konfliktbearbeitung erfolgen:

- Was ist vorgefallen?
- Wie kam es dazu?
- Welche Gefühle hat der Konflikt bei uns ausgelöst?
- Was machen wir jetzt (Lösungsideen sammeln)?

Statt den Konflikt mit Aggression und Gewalt zu lösen, lernen die Schülerinnen und Schüler, sich friedlich zu einigen. Anfangs bedarf dies der systematischen Übung im Rollenspiel, im Lauf der Zeit wird das Lösungsmodell in den Alltag übertragen. Darüber hinaus bietet sich die Ausbildung von Schüler-Streit-Schlichtern an (s. Jeffe-rys/Noack 1995, Faller u.a. 1996). Das sind Schülerinnen und Schüler, die zu Schlichtern ausgebildet werden und bei Schülerkonflikten als Moderatoren eingesetzt werden.

Elterninformation und Elterntraining

Kleinen Familien fehlt häufig das überlieferte Erziehungsrepertoire der Mehrgenerationenfamilie. Hinzu kommt, dass in großstädtischen Regionen die traditionellen Miterzieher, auch informelle Sozialkontrolle genannt, kaum noch präsent sind. Immer mehr Eltern sind auf erziehungspsychologische Informationen und Tipps angewiesen. Nach meinen Erfahrungen erleben sie es nicht als Einmischung, wenn man Erziehung auf Elternabenden thematisiert oder Hilfen in Form von Elternbriefen weiterreicht. Und es schadet nicht, sie deutlicher als bisher an ihre Erziehungs- und Fürsorgepflicht zu erinnern. Wie empirische Erhebungen zeigen, lässt die Anzahl der Elternabende zum Thema „Sozialverhalten“ sehr zu wünschen übrig. In einer Befragung haben nur 16% aller weiterführenden Schulen in Hessen angegeben, Elterninformationsveranstaltungen über Gewaltprävention durchgeführt zu haben (Herwig/Hold-Jagoda 1995).

Wer zusammen mit der Klasse den oben beschriebenen Klassenkodex entwickelt, sollte ihn der Klassenelternschaft am nächsten Elternabend vorstellen. Er ist ein motivierender Anlass, um über das Sozialverhalten der Klasse zu reflektieren und darauf aufbauend zu überlegen, wie Sozialerziehung gemeinsam praktiziert werden kann.

Klassenrat

Wer eine Schulpolis entwickeln möchte, muss Schülerinnen und Schülern auch Möglichkeiten der politischen Teilhabe anbieten, wozu vor allem der Klassenrat und die Schulversammlung gehören. In regelmäßigen Abständen sollten in jeder Klasse aktuelle Probleme, Konflikte und Fragen bearbeitet werden. Unter der Moderation des Klassensprechers oder seines Stellvertreters findet zunächst eine Problemsammlung statt. Mögliche Varianten sind:

- Kummerkasten
- Sammlung auf Zuruf
- Kartenabfrage

Zu den genannten Problemen werden Lösungsideen gesammelt und zusammengefasst. Durch Punktbewertung oder im Dialog wird die geeignetste Lösung ausgewählt. Abschließend wird vereinbart, wer was bis wann tun muss.

Anfangs benötigen die Moderatoren die Unterstützung des Klassenlehrers. Im Lauf der Zeit nimmt sich dieser zurück und greift nur noch ein, wenn es zu Konflikten kommt, die von den Schülerinnen und Schülern nicht gesteuert werden können.

Nach allen bisherigen Erfahrungen funktioniert der Klassenrat nur, wenn es einen praktizierten Gesprächskodex gibt (s. Kap. 5) und wenn die Klassensprecher in Konferenzmoderation geschult werden.

Medienerziehung und Medienkontrolle

Kinder und Jugendliche vom Medienkonsum fernzuhalten, scheint heutzutage kaum mehr möglich. Einzig realistisch ist eine Medienerziehung, die versucht, Schülerinnen und Schüler zum kritischen Umgang mit Medien und Medieninhalten zu befähigen. Oberstes Prinzip der Aufklärungsarbeit muss sein, Medien keinesfalls pauschal schlechtzumachen. Sinnvoller ist es, Eltern über die Auswirkungen eines exzessiven und altersinadäquaten Medienkonsums zu informieren, sie zur Reflexion ihres eigenen Medienverhaltens zu motivieren, auf ihre Verantwortung hinzuweisen und ihnen praktische Hilfen zur familiären Medienerziehung zu vermitteln (s. Rogge 1999). Parallel zur Elternarbeit muss Medienerziehung auch im Unterricht stattfinden. Sie sollte damit beginnen, dass in der Grundschule und in der Orientierungsstufe intensiv Lesemotivierung betrieben wird. Dann sollten Schülerinnen und Schüler regelmäßig Gelegenheit bekommen, über ihre Medienerlebnisse zu berichten. Dabei ist es nützlich, sie begründen zu lassen, warum sie sich für bestimmte Sendungen entschieden haben. Schülerinnen und Schüler wollen natürlich auch erfahren, wie Medienprodukte (z.B. Filme) gemacht werden. Des Weiteren müssen sie das Gesehene analysieren lernen, indem sie beispielsweise Stereotypen ermitteln. Die Einsicht in die Strategie der Massenmedien wird dadurch gefördert, dass sie in die Rolle des Medienmachers schlüpfen und selbst mit der Videokamera Filme drehen.

Die Medienerziehung hätte es sicherlich leichter, wenn der Staat die Medienkontrolle intensivieren würde – vor allem im Hinblick auf gewaltverherrlichende TV-Filme und Horrorvideos. Allzu leichtfertig gehen die Verantwortlichen mit diesem Problem um und trösten sich damit, dass die direkte Imitationswirkung der Mediengewalt nur auf eine kleine Minderheit der Kinder und Jugendlichen zutrifft.

Kompensatorische Betreuung

Aggression und Gewalt treten in sozialen Brennpunktgebieten und Brennpunktschulen signifikant häufiger auf. Dort gibt es wesentlich mehr Kinder und Jugendliche mit einem problematischen, entwicklungsstörenden Familienkontext. In diesen Gebieten und Schulen können Schulsozialarbeit, soziale Stadtteilarbeit und Streetwork wichtige Beiträge zur Problembewältigung leisten. Solche Angebote sind ein wirksames Auffangnetz für auffällige und gefährdete Schüler. Die in diesem sozialen Feld tätigen Fachkräfte haben meist auch einen guten Überblick über kommunale und regionale psychosoziale Hilfen. Und so können sie Schülerinnen und Schülern, deren Probleme sozialpädagogisch nicht bewältigt werden können, wirksame therapeutische Hilfe vermitteln.

Kontinuierliche und gemeinsame Sozialerziehung

Möchte eine Schule in der oben beschriebenen Form das Sozialverhalten fördern, kommt sie nicht umhin, einen schulinternen Entwicklungsprozess zu beginnen. Ein Pädagogischer Tag reicht hierfür nicht aus. Notwendig ist die gründliche Erarbeitung eines pädagogischen Konzepts, das danach kontinuierlich in die tägliche Erziehungs- und Unterrichtsarbeit umgesetzt wird. Voraussetzung für einen Entwicklungsstart ist allerdings, dass er vom Kollegium gewünscht, kooperativ vorbereitet und von einem externen Schulberater/pädagogischen Berater begleitet wird.

Der Weg beginnt mit einem Pädagogischen Tag (s. u.), in dessen erster Phase eine Bestandsaufnahme des Sozialverhaltens der Schüler durchgeführt wird. In der zweiten Phase macht sich das Kollegium mit dem oben beschriebenen Förderkonzept vertraut. In der dritten Phase wird klassenstufenbezogen überlegt, wie die festgestellten Defizite abgebaut werden können.

In der Abschlussphase werden die Stufenkonzepte im Plenum präsentiert und in ein gemeinsames pädagogisches Konzept integriert.

Die erste Phase lässt sich verkürzen, wenn die Ist-Analyse des Sozialverhaltens in Form einer schriftlichen Befragung erfolgt. Diese Aufgabe muss von einem Team übernommen werden, das den Fragebogen entwirft, die Untersuchung durchführt, die Ergebnisse auswertet und am Beginn des Pädagogischen Tages präsentiert.

Damit die Förderkonzepte in den einzelnen Klassen tatsächlich auch umgesetzt werden, sind baldige Klassenkonferenzen vonnöten. In diesen muss geklärt und abgesprochen werden, wer welche Förderaufgabe übernimmt.

Im weiteren Verlauf des Schuljahres wird die Förderarbeit in einer Klassenkonferenz bilanziert. Dies bedeutet, dass die Umsetzungserfahrungen ausgetauscht und die nächsten Förderschritte geplant werden. Damit die Sozialerziehung als gemeinsames pädagogisches Konzept sichtbar und wirksam bleibt, wird über kurz oder lang auch eine Bilanz-Gesamtlehrerkonferenz notwendig, die unter Moderation der externen Begleiter abgehalten werden kann.

Hat eine Schule diese ersten Entwicklungsstufen hinter sich gebracht, ist sie auf dem besten Weg zur Weiterentwicklung der Sozialkultur und des Sozialverhaltens.

Programm-Muster für einen Pädagogischen Tag zum Thema „Soziales Lernen"

8.15 Begrüßung und Vorstellung des Programms

8.30 Das Sozialverhalten unserer Schüler: eine Ist-Analyse (Problemsammlung in Gruppen, Ergebnisfixierung auf Postern, Präsentation und Zusammenfassung im Plenum)

10.00 Pause

10.20 Sozialerziehung und Soziales Lernen (Erkenntnisse, Erfahrungen, Übungen)

12.00 Mittagessen

13.30 Wie kann die Sozialerziehung an unserer Schule weiterentwickelt werden?
(Ideensammlung in Klassenstufen-Gruppen, Ergebnisfixierung auf Postern)

15.15 Pause

15.30 Ergebnispräsentation, Ergebnisintegration und Zielvereinbarungen im Plenum

16.45 Ende

Anti-Gewalt-Tipps für Schülerinnen und Schüler

1. Halte dich von gewaltbereiten Jugendlichen fern. Gehe nicht darauf ein, wenn sie dich provozieren.
2. Wirst du innerhalb oder außerhalb der Schule ernsthaft bedroht oder gar erpresst, sage dies deinen Lehrern, Eltern oder Freunden.
3. Wenn du deinen Lehrern Drohungen und Gewalttaten mitteilst, so betrachte dies nicht als Petzen, sondern als notwendigen Selbstschutz.
4. Hast du Angst davor, jemandem über Drohungen und erlittene Gewalt zu berichten, schreibe ihm einen Brief.
5. Wirst du körperlich angegriffen, rufe laut um Hilfe.
6. Ist niemand in der Nähe, versuche dich zu schützen bzw. zu verteidigen, schlage aber nicht brutal zurück.
7. Bist du Opfer von Gewalt geworden, so fordere zusammen mit deinen Eltern Klärung, Ahndung, Entschuldigung und gegebenenfalls Wiedergutmachung.
8. Verzichte darauf, dich zum Zweck der Selbstverteidigung zu bewaffnen.
9. Beteilige dich nicht am Mobben von Mitschülerinnen und Mitschülern. Empfinde es als deine menschliche Pflicht, ihnen zu helfen.

10. Überlege zusammen mit deinen Mitschülerinnen und Mitschülern, wie ihr Gewalt verhindern könnt. Bittet euren Klassenlehrer darum, die Vorbeugung von Gewalt zum Thema eines Klassengesprächs zu machen.

Der Klassenfragebogen

Mit diesem Fragebogen könnt ihr eure Klasse und euer Klassenverhalten einschätzen. Aus dem Ergebnis der Befragung lässt sich ersehen, was bei euch gut klappt und was noch verbessert werden muss. Die Befragung ist anonym, weshalb du deinen Namen nicht angeben musst.
Kreuze immer die Antwort an, die aus deiner Sicht auf deine Klasse zutrifft.

	immer	oft	manchmal	selten	nie
1. Wir fühlen uns in unserer Klasse wohl.	5	4	3	2	1
2. Wir haben Vertrauen zu einander.	5	4	3	2	1
3. Wir achten uns gegenseitig.	5	4	3	2	1
4. Wir können einander gut zuhören.	5	4	3	2	1
5. Wir kommen gut miteinander aus.	5	4	3	2	1
6. Streitigkeiten lösen wir friedlich.	5	4	3	2	1
7. Wir trauen uns, unsere Meinung frei zu äußern.	5	4	3	2	1

8. Wir fühlen uns für unsere Klasse verantwortlich.	5	4	3	2	1
9. Vereinbarte Regeln halten wir ein.	5	4	3	2	1
10. Wir können gut zusammenarbeiten (z.B. Partner- oder Gruppenarbeit).	5	4	3	2	1
11. Wir helfen uns gegenseitig.	5	4	3	2	1
12. Bei Streitigkeiten können wir uns einigen.	5	4	3	2	1
13. Wir bemühen uns darum, den anderen aus seiner Sicht zu verstehen.	5	4	3	2	1
14. Wir kümmern uns um alle in der Klasse.	5	4	3	2	1
15. Wir trösten uns, wenn es uns schlecht geht.	5	4	3	2	1
16. Wir treffen uns auch außerhalb des Unterrichts (z.B. zu Klassenfesten, Geburtstagsfeiern).	5	4	3	2	1

Zum Nachdenken

Eine Gesellschaft Stachelschweine drängte sich an einem kalten Winterabend recht nahe zusammen, um durch die gegenseitige Wärme sich vor dem Erfrieren zu schützen. Jedoch bald empfanden sie die gegenseitigen Stacheln, welches sie dann wieder voneinander entfernte. Wann nun das Bedürfnis der Erwärmung sie wieder näher zusammenbrachte, wiederholte sich jenes zweite Übel, so dass sie zwischen beiden Leiden hin und her geworfen wurden, bis sie eine mäßige Entfernung voneinander herausgefunden hatten, in der sie es am besten aushalten konnten.

Arthur Schopenhauer

Weiterführende Literatur

Keller, G./Hafner, K.: Soziales Lernen will gelernt sein! Lehrer fördern Sozialverhalten. Donauwörth: Auer 1999.

Korte, J.: Prima Klima! Gegen Gewalt und Aggression. Materialien für die Sozialerziehung in der Sekundarstufe. Donauwörth: Auer 2000.

Mitschka, R.: Die Klasse als Team. Ein Wegweiser zum Sozialen Lernen in der Sekundarstufe. Linz: Veritas 1997.

9. Evaluation

„Wir bleiben nicht gut, wenn wir nicht immer besser zu werden trachten."

Gottfried Keller

Die pädagogische Arbeit, deren Hauptinhalt das Erziehen und Unterrichten ist, gehört zu den wichtigsten menschlichen Tätigkeiten. Ohne pädagogische Arbeit gäbe es keinen Fortbestand der Gesellschaft, keinen Kulturerhalt und keine Kulturentwicklung. In der Schule geleistete pädagogische Arbeit unterscheidet sich von der außerschulischen durch Zielsetzung, Planmäßigkeit und Professionalität. Die pädagogische Arbeit wird vom Bürger über die Steuern finanziert. Man kann auch sagen, dass die Schule für das, was sie leistet, Gegenleistungen erhält. Mit diesen Gegenleistungen sind auch Erwartungen an die Qualität der pädagogischen Arbeit verknüpft. Das heißt, dass sowohl die einzelne Lehrperson als auch die Schule als pädagogische Handlungseinheit sich einer Qualitätsprüfung stellen und je nach Prüfergebnis qualitätssichernde Maßnahmen in Gang setzen müssen. Diese Qualitätsprüfung wird auch als Evaluation bezeichnet. Man unterscheidet zwei zentrale Evaluationsformen:

- Fremdevaluation: Eine Schule wird durch externe Personen bewertet. Als Evaluatoren können tätig werden Schulräte/Schulinspektoren, Peers (Lehrer anderer Schulen), gemischte Teams (z.B. Schulräte und Peers) sowie Wissenschaftler.

- Selbstevaluation: Das Kollegium führt in Eigen- oder Fremdmoderation eine kritische Bewertung der pädagogischen Arbeit durch.

Sowohl an der Selbst- als auch Fremdevaluation können Eltern und Schüler beteiligt werden.

Vor dem Hintergrund bisheriger praktischer Erfahrungen ist eine Kombination von Selbst- und Fremdevaluation sehr zu empfehlen. Die Schule startet zunächst mit einer Selbstevaluation. Ein externes Team führt danach eine Fremdevaluation durch. In einer Evaluationskonferenz werden beide Bewertungen miteinander verglichen, Unterschiede herausgearbeitet und reflektiert sowie Konsequenzen und

Maßnahmen vereinbart. Möglich ist auch ein Minimalmodell, das keine aufwendige Fremdevaluation durch ein Inspektorenteam vorsieht, sondern einen kritischen Dialog zwischen Schulaufsicht und Schule über den Selbstevaluationsbericht.

Als Evaluationskriterien können Qualitätsindikatoren verwendet werden, die sich in Schulqualitätsstudien (s. Aurin 1991, Steffens/Bargel 1993, Fend 1998) als bedeutsame Indikatoren guter Schulen erwiesen haben.

- führungs- und beratungskompetente Schulleitung: Zielklarheit, Anerkennung und Würdigung von Lehrer- und Schülerleistungen, Schatzsuche statt Fehlersuche, Transparenz im Werdeprozess wichtiger Schulentscheidungen, Hilfe bei der Lösung von Konflikten, genügend Freiraum für Lehrer und Schüler

- kooperative Führung: Bereitschaft zum Teilen von Macht, Delegation von Aufgaben, Beteiligung der Betroffenen, Teamorientierung, teilnehmerzentrierte Konferenzgestaltung

- gemeinsames pädagogisches Konzept: Grundkonsens hinsichtlich der Leistungs- und Verhaltenserwartungen, gemeinsam erarbeitete Grundsätze als Arbeitskompass, regelmäßige Reflexion der pädagogischen Arbeit in den Konferenzen

- Leistungsorientierung: altersgemäße Ansprüche an das Lern- und Leistungsverhalten, gute Arbeitsmoral, regelmäßige Leistungskontrollen, Lernanreize

- Lernförderung: Vermittlung von Lern- und Arbeitsmethoden, regelmäßige Stoffwiederholung, individuelle Lernberatung, schülerzentrierte Unterrichtsformen (Partnerarbeit, Gruppenarbeit, Freiarbeit, Lernzirkel, Projektarbeit)

- Sozialerziehung: Normverdeutlichung und Grenzziehung, Verhaltenskodex für die ganze Schule, systematisches soziales Lernen, konsequentes Reagieren bei gravierenden Normverletzungen, Garantie des Rechts auf seelische und körperliche Unversehrtheit, Ausbildung von Schüler-Streit-Schlichtern

- viele Lehrer-Schüler-Gespräche: offenes Ohr für Schulprobleme, regelmäßige Klimapflege durch Klassengespräche, Einzelgespräche mit Problemschülern

- intensive kollegiale Kommunikation und Kooperation: offene Kommunikation, einfühlende Anteilnahme, Entlastungsgespräche, gemeinsame Konfliktlösungen, sachlich-fachlicher Austausch, Abstimmung und Absprache auf Klassenebene
- schulinterne Lehrerfortbildung: regelmäßige pädagogische Tage, fachschaftsinterne Fortbildungen, pädagogische Arbeitskreise
- gute Kooperation mit dem Elternhaus: offenes Ohr für Elternanliegen, frühe Kontaktaufnahme bei Problemen, Achtung und Einbindung der Elternvertretung
- reges Schulleben: Kompensation der Verkopfung durch Feste und Feiern, Fahrten, Schülerausstellungen, Projekttage und karitative Aktionen
- Lebensoffenheit: gute Beziehungen zum kommunalen Umfeld, zur Berufs- und Arbeitswelt, zu psychosozialen Einrichtungen
- förderliche Schulumwelt: regelmäßige Pflege des Schulgebäudes und der Außenanlagen, freundlich gestaltete Klassenzimmer, schülergerechter Pausenhof mit Bewegungs- und Spielmöglichkeiten.

An Evaluationsmethoden kommen in Frage (Eikenbusch 1998, Kempfert/Rolff 2000):

- Ist- und Soll-Analyse der pädagogischen Arbeit in selbst moderierten Kleingruppen mit anschließender Präsentation und Integration (s.u.),
- Qualitätsaudit mit einem Leitfaden (Stern/Döbrich 1999),
- Fragebogenuntersuchung mit dem IFS-Schulbarometer (Institut für Schulentwicklungsforschung 2000),
- teilnehmende Beobachtung durch externe Experten (Kempfert/Rolff 2000),
- Dokumentenanalyse (z.B. Auswertung von Schulstatistiken)

Evaluationsdaten werden auf sehr unterschiedliche Art und Weise weiterverarbeitet. Sie können die Basis sein, auf der das Kollegium Maßnahmen zur Qualitätsverbesserung entwirft, beschließt und um setzt. Es ist auch möglich, dass die Schulbehörde die Daten analysiert und daraus zusätzliche systemsteuernde Maßnahmen ableitet.

Evaluation darf nicht nur als punktuelle Bewertungsmaßnahme verstanden werden, die in größeren Zeitabständen durchgeführt wird, sondern sie ist vor allem als permanenter Prozess zu verstehen. Beispiele hierfür sind:

- regelmäßige Bewertung des Leistungs- und Sozialverhaltens in der Klassenkonferenz
- regelmäßige Reflexion der pädagogischen Arbeit in Gesamtlehrerkonferenzen
- bilanzierende Arbeitsrückschau am Halbjahres- und Schuljahresende
- gemeinsame Unterrichtsanalysen nach dem Hospitationsmodell
- gemeinsame Analyse der Schulstatistik (z. B. der Anmeldestatistiken)
- Feedback-Gespräche und Feedback-Untersuchungen mit der Klasse
- Feedback-Sitzungen mit der Klassenelternschaft oder dem Elternbeirat
- Abnehmer-Befragungen
- Durchführung standardisierter Leistungstests

Ist- und Soll-Analyse der pädagogischen Arbeit

Jede Schule sollte von Zeit zu Zeit (etwa alle fünf Jahre) eine Ist-Analyse ihrer pädagogischen Arbeit durchführen und aufbauend darauf überlegen, wie die pädagogische Arbeit weiterentwickelt werden kann. Diese Maßnahme, die in der Regel von einem externen Moderator begleitet wird, erfolgt meist im Kontext einer inneren Schulentwicklung (s. Keller 1997, Rolff u. a. 1998). Innere Schulentwicklung heißt gemeinsame, zielorientierte und kontinuierliche Selbsterneuerung unter Beteiligung aller.

Für die Bestandsaufnahme der pädagogischen Arbeit bietet sich eine Stärke-Schwäche-Analyse an, die folgendermaßen ablaufen kann:

Das Kollegium teilt sich in Gruppen auf und bearbeitet zwei Leitfragen:

- Was sind die Stärken unserer pädagogischen Arbeit?
- Wo liegen ihre Schwächen?

Die Ergebnisse werden auf Postern fixiert. Im Plenum werden die Gruppenarbeitsergebnisse ausgetauscht, reflektiert und zu einer Ist-Analyse zusammengefügt. Dabei wird auch analysiert, wo die konzeptionellen Schwächen liegen. In einer weiteren Gruppenarbeitsphase wird gemeinsam überlegt, wie die pädagogische Arbeit weiterentwickelt werden kann. Im Plenum werden die Änderungsvorschläge dann vorgestellt, nach ihrer Realisierbarkeit bewertet und in ein Änderungskonzept integriert. Abschließend werden Zielvereinbarungen getroffen, und es wird geklärt, wer was wann tut.

Einen Einblick in eine Ist- und Soll-Analyse gewähren die zentralen Ergebnisse des Evaluationstages einer Realschule:

Stärken

- gute Atmosphäre, gutes Klima
- kompetente und kooperative Schulleitung
- Förderung und Anerkennung der Klassenlehrerarbeit
- außerunterrichtliche Veranstaltungen
- Lehrmittelausstattung
- keine Cliquenbildung
- Projekt „Lernen lernen in den Klassen 5/6“

Schwächen

- zu wenig Konsens hinsichtlich der Verhaltenserwartungen
- Inkonsequenz bei Reaktion auf Disziplinstörungen
- Umgangston der Schüler verroht

- zu wenige Klassenkonferenzen
- Verharmlosung mancher Probleme
- zu wenig fachlicher und pädagogischer Informationsaustausch
- Lehrauftragsverteilung nicht transparent genug
- zu unterschiedliches pädagogisches Engagement
- individuelle Ressourcen werden zu wenig genutzt

Änderungsprogramm

- mehr Konsens hinsichtlich der Verhaltenserwartungen
- mehr Konsequenz bei Verhaltensproblemen
- Stärkung der Schülermitverantwortung
- mehr Rückendeckung bei Lehrer-Eltern-Konflikten
- mehr pädagogischer Austausch auf Klassenebene
- mehr pädagogische Themenanteile in den Gesamtlehrerkonferenzen
- mehr Transparenz bei der Lehrauftragsverteilung
- Förderung des Umweltbewusstseins

An der Präsentation und Reflexion der Ist- und Soll-Analyse kann auch der zuständige Schulrat bzw. Schulreferent teilnehmen. Somit ist es möglich, die Selbstevaluation im kritischen Dialog mit der externen Einschätzung zu vergleichen und zu reflektieren. Voraussetzung ist, dass der externe Evaluator die Schule gut kennt und sich durch Hospitationen Einblick in den Schulalltag verschafft hat. Minimum einer transparenten Selbstevaluation wäre, dass die Schule die wesentlichen Ergebnisse der Stärke-Schwäche-Analyse sowie der Änderungsplanung in Form eines Berichts an die Schulaufsicht offen legt.

Der Selbstevaluation muss eine innere Schulentwicklung folgen. Konkret bedeutet dies, dass die vereinbarten Änderungsziele in die tägliche Erziehungs- und Unterrichtsarbeit umgesetzt werden. Entscheidend gefördert wird die Verwirklichung durch intensive kollegiale Kommunikation und Kooperation sowie durch regelmäßige gemeinsame Reflexion in den Konferenzen. Die Umsetzung der Änderungsmaßnahmen sollte von einer Steuerungsgruppe, der die Schulleitung und Vertreter des Kollegiums angehören, beobachtet und koordiniert werden. Falls es zu Umsetzungsschwierigkeiten kommt, kann der externe Moderator angefordert werden.

Spätestens nach einem halben Schuljahr ist eine Bilanzierung fällig. An dieser muss der externe Moderator teilnehmen. Es wird gemeinsam erörtert, welche Ziele verwirklicht werden konnten und welche nicht, warum es zu Schwierigkeiten gekommen ist, welche Auswirkungen auf das kollegiale Miteinander, auf das Schulklima und auf das Lern- und Sozialverhalten der Schüler zu beobachten sind. Gegebenenfalls muss das Änderungsprogramm modifiziert werden.

Schulevaluationsbogen

Bewerten Sie Ihre Schule in den folgenden Qualitätsbereichen

	sehr gut	gut	mäßig	schlecht
Führungsverhalten der Schulleitung	4	3	2	1
Schulorganisation	4	3	2	1
Gesamtlehrerkonferenzen	4	3	2	1
Klassenkonferenzen	4	3	2	1
Erziehungsverhalten	4	3	2	1
Anspruchsniveau	4	3	2	1
Lehrmethodik	4	3	2	1
Unterrichtsdisziplin	4	3	2	1
Schülerleistungen	4	3	2	1
Schülermotivation	4	3	2	1
Lernen lernen	4	3	2	1
Soziales Lernen	4	3	2	1
Schulordnung	4	3	2	1

Lehrer-Schüler-Kommunikation	4	3	2	1
kollegiale Kommunikation und Kooperation	4	3	2	1
schulinterne Lehrerfortbildung	4	3	2	1
Kommunikation mit dem Elternhaus	4	3	2	1
Schulleben	4	3	2	1
Beziehungen zum außerschulischen Umfeld	4	3	2	1
Schulbudget	4	3	2	1
Schulumwelt	4	3	2	1

Das IFS-Schulbarometer: ein wichtiges Evaluationsinstrument

Das IFS-Schulbarometer (2000) ist ein am Institut für Schulentwicklungsforschung (Universität Dortmund) entwickeltes und erprobtes Instrument zur Erfassung der Schulwirklichkeit. Es bietet der einzelnen Schule die Möglichkeit, eine innerschulische Bestandsaufnahme verschiedener Schulaspekte aus Lehrer-, Schüler- und Elternsicht durchzuführen. Das IFS-Schulbarometer eignet sich zur Selbstevaluation von Schulen und als Impulsgeber für Schulentwicklung.

Das Befragungsinstrument enthält einen:

- Fragebogen für Lehrerinnen und Lehrer (L)
- Fragebogen für Schülerinnen und Schüler (S)
- Fragebogen für Eltern (E)

Die einzelnen Items sind als geschlossene Aussagen formuliert, die mit drei- bis sechsstufigen Skalen bewertet werden. Zusätzlich gibt es einige offene Fragen, die frei beantwortet werden können. Viele Fragenbereiche ermöglichen Vergleiche mit Durchschnittsdaten bzw. mit Durchschnittsschulen. Darüber hinaus sind bei verschiedenen Frageblöcken direkte Vergleiche der Lehrer-, Schüler- und Elternperspektive möglich. Für die Auswertung steht ein Auswertungsprogramm auf beigelegter Diskette zur Verfügung.

Das IFS-Schulbarometer muss nicht komplett eingesetzt werden. Es ist möglich, nur jene Fragebogenbereiche zu verwenden, die für die jeweilige Schule von besonderem Interesse sind. Es können auch Fragen verändert und neue Fragen formuliert werden. Diese Modifikationen sind leicht durchzuführen, da zusammen mit dem Fragebogen auch eine elektronische Version auf Diskette mitgeliefert wird.

Mit dem Kauf erwirbt die Schule das Recht, für ihre Zwecke mit dem Instrument frei umzugehen und eine erforderliche Anzahl von Kopien anzufertigen. Eine Weitergabe des Barometers an andere Schulen und Institutionen ist nicht gestattet.

Das IFS-Schulbarometer ist komplett mit Disketten bei folgender Adresse kostengünstig zu beziehen:

Institut für Schulentwicklungsforschung
IFS-Verlag
44221 Dortmund
Tel.: 0231/755-5505
Fax: 0231/755-5517

Schülerbefragung

Wir möchten gerne von euch wissen, wie ihr uns erlebt und wie ihr unsere Arbeit mit euch empfunden habt.

Beantwortet bitte die folgenden Fragen:

1. Ich habe mich bisher in meiner Klasse wohlgefühlt.

   trifft zu O teils - teils O trifft nicht zu O

2. Unsere Klassengemeinschaft ist gut.

   trifft zu O teils - teils O trifft nicht zu O

3. Der Umgangston unter uns Schülerinnen und Schülern war

   eher freundlich O teils - teils O eher unfreundlich O

4. Ich bin mit meinen Schulleistungen zufrieden.

   trifft zu O teils - teils O trifft nicht zu O

5. Die Lehrerinnen und Lehrer erklärten den Stoff gut.

   trifft zu O teils - teils O trifft nicht zu O

6. Die Lehrerinnen und Lehrer haben uns auch gezeigt, wie man wirksam lernt.

   trifft zu O teils - teils O trifft nicht zu O

7. Die Lehrerinnen und Lehrer waren nett zu uns.

   trifft zu O teils - teils O trifft nicht zu O

8. Die Lehrerinnen und Lehrer hatten ein offenes Ohr für unsere Probleme.

   trifft zu O teils - teils O trifft nicht zu O

9. Die Lehrerinnen und Lehrer haben uns auch gezeigt, wie man sorgsam miteinander umgeht.

   trifft zu O teils - teils O trifft nicht zu O

10. Die Lehrerinnen und Lehrer haben den Unterricht interessant gestaltet.

    trifft zu O teils - teils O trifft nicht zu O

Lerntagebuch

Das Lern- und Arbeitsverhalten lässt sich verbessern, wenn Schülerinnen und Schüler ihre Lernprozesse genau beobachten und reflektieren und sich ihrer Stärken und Schwächen bewusst werden. Nachdenken bedeutet nicht nur, dass sie über sich reflektieren, sondern auch, dass sie mit anderen über ihre Lernprozesse sprechen. Das Nachdenken „führt zu einem zunehmend differenzierten Strategierepertoire und erleichtert den Umgang mit Lernschwierigkeiten“ (Beck u.a. 1994, S. 209). Zum regelmäßigen Nachdenken können Schülerinnen und Schüler in unterschiedlichen Formen angeregt werden. Entweder in Tandems, in größeren Gruppen oder im Plenum werden die Lernerfahrungen ausgetauscht. Ziel regelmäßiger Lernreflexion ist es, aus eigenen Lernerfahrungen zu lernen und das Lernverhalten zu verbessern. Folgende Möglichkeiten der Lernreflexion bieten sich an:

- Lernbefragung: Nach einer Unterrichtssequenz oder nach dem Abschluss einer Stoffeinheit analysieren die Schülerinnen und Schüler ihren Verstehens- und Lernprozess. Sie teilen mit, was gut gelang, was schwierig war und was noch nicht verstanden wurde.

- Fehleranalyse: Die Schülerinnen und Schüler finden heraus, warum sie einen bestimmten Fehler gemacht haben.

- Modell-Lernen: Lehrerinnen und Lehrer sowie Schülerinnen und Schüler machen laut denkend vor, wie sie Lern- und Denkaufgaben bewältigen.

- Lerntagebuch: Die Schülerinnen und Schüler dokumentieren ihre Lernerfahrungen, Lernprobleme und Fragen in einem Lerntagebuch (s.u.). Aufgeschrieben wird auch das, was man nicht verstanden hat.

- Lernpartnerschaft (Peer Coaching): Jeder Lernende hat einen Lernpartner, mit dem er Lernerfahrungen und Lernprobleme bespricht und offen gebliebene Fragen gemeinsam bearbeitet.

- Klassengespräch: In größeren Zeitabständen werden die im Lerntagebuch dokumentierten Lernerfahrungen und Lernprobleme ausgetauscht und besprochen.

Besonders förderlich für die Lernreflexion ist das Lerntagebuch. Es ist persönlicher Besitz des Lernenden und darf ohne seine Genehmigung nicht eingesehen werden. Es gibt zwei zentrale Möglichkeiten, ein Lerntagebuch zu führen. Zum einen kann man es frei gestalten, indem man den Lerntag ganz persönlich dokumentiert. Zum anderen kann man seine Lernerfahrungen und Lernprobleme anhand vorgegebener Fragen bzw. Kategorien zu Papier bringen:

- Was gelang gut?
- Was hat Spaß gemacht?
- Welcher Lernstoff war schwierig?
- Was habe ich nicht verstanden?
- Welche Lernmethode war hilfreich?
- Was sollte ich künftig anders machen?

Der Tagebucheintrag kann sich auf eine einzelne Unterrichtsstunde, einen Unterrichtstag oder auf eine Unterrichtswoche beziehen. Am häufigsten angewandt wird der Tagesrückblick.

Lerntagebücher können für die Förderung der Lernentwicklung unterschiedlich genutzt werden:

- zum persönlichen Nachdenken über das Lernen,
- zum Klassengespräch über das Lernen,
- zum Partnergespräch über das Lernen,
- zu Lernberatungsgesprächen mit dem Fachlehrer.

Programm-Muster für einen Evaluationstag

Unsere pädagogische Arbeit: Bestandsaufnahme und Weiterentwicklung

8.30 Uhr	Begrüßung und Vorstellung des Programms
8.45 Uhr	Impulsreferat und Einführung in die Gruppenarbeit (Plenum)
9.30 Uhr	Unsere pädagogische Arbeit – eine Stärke-Schwäche-Analyse (Gruppenarbeit, Fixierung der Ergebnisse auf Postern)
11.15 Uhr	Präsentation und Zusammenfassung der Arbeitsergebnisse (Plenum)
12.00 Uhr	Mittagessen
13.30 Uhr	Wie kann unsere pädagogische Arbeit weiterentwickelt werden? (Einführung im Plenum, Ideensammlung in Gruppen, Fixierung der Gruppenarbeitsergebnisse auf Postern)
15.30 Uhr	Ergebnispräsentation, Integration in ein Änderungsprogramm und Zielvereinbarungen (Plenum)
16.45 Uhr	Ende

Zum Nachdenken

Es war einmal ein Rabbi, der vom Volk wie ein Gott verehrt wurde. Jeden Tag standen viele Menschen vor seiner Tür, die um Rat baten, Heilung begehrten oder auch nur seinen Segen wollten. Jedes Mal, wenn der Rabbi sprach, hingen die Menschen an seinen Lippen und nahmen jedes Wort in sich auf. Unter den Zuhörern war ein unangenehmer Bursche, der dem Rabbi widersprach, wann immer er konnte. Er achtete genau auf die Schwächen des Rabbi und machte sich zum Ärger der anderen Zuhörer über dessen Fehler lustig, weshalb sie in ihm die Verkörperung des Teufels sahen.
Eines Tages wurde der Bursche krank und starb. Alle waren erleichtert. Äußerlich sah man es ihnen nicht an, aber in ihrer Seele waren sie

froh, dass der Rabbi nun ungehindert reden konnte und er von diesem respektlosen Menschen nicht mehr kritisiert wurde.
Alle waren erstaunt, als sie sahen, dass der Rabbi bei der Beerdigung des teuflischen Burschen ehrlich trauerte. Als er danach von einem Zuhörer gefragt wurde, ob er das unabänderliche Schicksal des Kritikers beklage, sagte er: „Nein, nein. Warum sollte ich um unseren Freund trauern, der nun im Himmel ist? Ich klage um mich selbst. Dieser Mann war mein einziger Freund. Hier bin ich von Menschen umgeben, die mich wertschätzen. Er war der einzige, der mich durch seine Kritik herausgefordert hat. Ich habe Angst, nicht mehr weiter zu wachsen, nachdem er nun von uns gegangen ist." Nach diesen Worten weinte der Rabbi bitterlich.

Nach Anthony de Mello

Weiterführende Literatur

Arnold, R./Faber, K. (Hrsg.): Qualität entwickeln – aber wie? Qualitätssysteme und ihre Relevanz für die Schule. Seelze-Velber: Kallmeyer 2000.

Buhren, C. G./Killus, D./Müller, S.: Wege und Methoden der Selbstevaluation. Ein praktischer Leitfaden für Schulen. Dortmund: IFS-Verlag 1999 (3. Aufl.).

Burkard, C./Eikenbusch, G.: Praxishandbuch Evaluation. Berlin: Cornelsen 2000.

Institut für Schulentwicklungsforschung (Hrsg.): IFS-Schulbarometer. Ein mehrperspektivisches Instrument zur Erfassung der Schulwirklichkeit. Dortmund: IFS-Verlag 2000 (6. Aufl.).

Kempfert, G./Rolff, H.-G.: Pädagogische Qualitätsentwicklung. Ein Arbeitsbuch für Schule und Unterricht. Weinheim und Basel: Beltz 2000 (2. Aufl.).

Schratz, M./Iby, M./Radnitzky, E.: Qualitätsentwicklung. Verfahren, Methoden, Instrumente. Weinheim und Basel: Beltz 2000.

10. Schluss: Wozu das Ganze?

„Es ist leichter, Initiativen zu starten, als dauerhafte und fruchtbare Veränderungen zu bewirken."

Peter Senge

Schulentwicklung ist genauso wie die Organisationsentwicklung außerhalb der Schule kein Selbstzweck. Wer Schulentwicklung praktiziert, sollte sich die Frage stellen, ob der Entwicklungsprozess tatsächlich auch zu besseren pädagogischen Beziehungen und zu besseren Arbeitsergebnissen führt.

In der außerschulischen Organisationsentwicklung gibt es eine wissenschaftliche Wirkungsforschung, die mit Hilfe empirischer Methoden prüft, ob behauptete Effekte tatsächlich auch erzeugt werden. Die einzelnen Wirksamkeitsstudien werden in größeren Zeitabständen in Form von Meta-Analysen zusammengefasst (s. Elke 1999). Ergebnis dieser Meta-Analysen ist, dass Entwicklungsprozesse sichtbare Änderungen im Arbeitsklima und in der Produktivität erzeugen. Der Leistungsvorteil von Unternehmen mit Entwicklung gegenüber entwicklungsabstinenten beträgt 2:1.

In der Schulentwicklung wird die Frage nach der Wirksamkeit auf zwei Ebenen untersucht bzw. beantwortet. Zum einen legen gute Schulentwickler großen Wert darauf, dass die einzelne Schule ihren Entwicklungsprozess regelmäßig bewertet. Hierzu finden Bilanzkonferenzen statt, und zwar vielerorts am Schuljahresende in Form einer Bilanzkonferenz. Die zentralen Bilanzfragen lauten:

- Welche Entwicklungsziele konnten wir erreichen?
- Welche Entwicklungsziele konnten wir nicht erreichen? Warum?
- Was sind die nächsten Schritte?

Zum anderen sollten auch die Gesamtprozesse größerer Schulregionen regelmäßig evaluiert werden. Im Jahre 1998, drei Jahre nach Beginn unseres Gesamtprozesses, hatte ich (Keller 1999d) eine solche Evaluation im Oberschulamtsbereich Tübingen durchgeführt.

Grundlage der statistischen Auswertungen waren 230 Kleingruppenberichte, die in den Plenumphasen zu einer Ist-Analyse bzw. einem

Änderungsprogramm zusammengefügt wurden. Dabei ergab sich folgendes Ergebnisbild:

Ist-Analyse

Stärken

• gutes kollegiales Grundklima	77%
• Schulmanagement	64%
• pädagogischer Freiraum	59%
• pädagogisches Engagement	59%
• pädagogische Kompetenzen	50%
• außerunterrichtliche Veranstaltungen	50%
• Schülerpotential	41%
• Projekttage, Projekte	36%
• kooperative Schulleitung	32%
• materielle Ausstattung	32%
• Kooperation mit dem Elternhaus	32%
• Fortbildungsbereitschaft	32%
• Vertrauenskultur	27%
• Überschaubarkeit	27%

Schwächen

• zu wenig pädagogischer Grundkonsens	82%
• Inkonsequenz	73%
• mangelhafte Konferenzkultur	66%
• lehrerzentrierter Unterricht	59%
• zu wenig Lernmethodik-Training	59%
• zu wenig soziales Lernen	55%
• Einzelkämpfertum	55%
• hoher Problemschüleranteil	54%
• zu altes Kollegium	45%
• unbefriedigende materielle Situation	41%
• schlechter Kommunikationsstil	41%
• zu unterschiedliches Engagement	36%
• zu wenig außerunterrichtliche Veranstaltungen	36%
• zu wenig Anerkennung und Wertschätzung	32%

• zu wenig Transparenz und Information	32%
• organisatorische Mängel	32%
• zu wenig Kooperation mit dem Elternhaus	23%
• zu starker Elterneinfluss	14%
• zu wenig SMV-Arbeit	14%

Änderungsprogramm

• mehr pädagogischer Konsens auf Klassen- und Schulebene	68%
• Verbesserung der Konferenzkultur	64%
• mehr soziales Lernen	64%
• mehr Konsequenz	55%
• mehr Lernmethodik-Training	55%
• Verbesserung des Kommunikationsstils	50%
• schüleraktivere Unterrichtsformen	45%
• Verbesserung der materiellen Situation	45%
• mehr Anerkennung besonderer pädagogischer Leistungen	32%
• mehr Fachkonferenzen	27%
• mehr außerunterrichtliche Veranstaltungen	27%
• Intensivierung der Elternarbeit	27%
• mehr Transparenz und Information	27%
• Behebung organisatorischer Mängel	23%
• Intensivierung der SMV-Arbeit	9%

Als besondere Stärken kristallisieren sich das kollegiale Grundklima und das Schulmanagement heraus. Geschätzt wird auch der pädagogische Freiraum, innerhalb dessen man engagiert und kompetent arbeiten kann.

Manche Schulen bewerten den außerunterrichtlichen, schulkulturellen Bereich sehr positiv. Nicht überall, aber vor allem in den Gymnasien ist man mit dem Schülerpotential relativ zufrieden. Mancherorts werden die Ausstattung und Übersichtlichkeit der Schule hervorgehoben.

Einige Kollegien sehen ihre besondere Stärke in der Kooperation mit der Schulleitung, in der Elternarbeit sowie in der Kultur des gegenseitigen Vertrauens.

Bei den Defiziten fällt der Mangel an Konsens hinsichtlich der pädagogischen Ziele und des pädagogischen Handelns am stärksten ins Gewicht. Diese Selbstkritik betrifft sowohl das Lehrerteam einer

Klasse als auch das gesamte Kollegium. Eine zentrale Ursache hierfür sehen die Kollegien in einer mangelhaften Konferenzkultur (zu wenig Abstimmung und Austausch in der Klassenkonferenz, zu leiterzentrierte Konferenzarbeit, zu wenig pädagogische Themenanteile in Gesamtlehrerkonferenzen). Eine weitere Ursache liegt für sie im Einzelkämpfertum.

Erstaunlich häufig wird auf das Problem der Inkonsequenz hingewiesen. Diese beobachtet man sowohl in disziplinschwierigen Erziehungssituationen als auch bei der Umsetzung von Konferenzbeschlüssen.

Stärker in der Kritik befinden sich auch die Lernförderung, die Sozialerziehung und die Unterrichtsmethodik (zu lehrerzentriert).

Nicht selten wird die pädagogische Arbeit durch Kommunikationsfehler auf den Beziehungsebenen Lehrer-Lehrer und Lehrer-Schulleitung erschwert. Manche Kollegien wünschen sich vom Schulleiter mehr Anerkennung für besondere pädagogische Leistungen und mehr Transparenz im Werdeprozess wichtiger Schulentscheidungen.

Was das Schülerverhalten betrifft, wird vor allem von Grund- und Hauptschulen auf einen hohen Problemschüleranteil hingewiesen.

Einige Schulen sind unzufrieden mit der Schulumwelt, der Schulausstattung, dem Schulleben und der Kooperation mit dem Elternhaus. Nur sehr wenige Kollegien beurteilen die SMV-Arbeit negativ.

Diejenige Maßnahme, die am häufigsten aus der Bestandsaufnahme abgeleitet wird, ist die Herstellung eines pädagogischen Ziel- und Handlungskonsenses. Zum einen soll dieser realisiert werden auf Klassenebene durch Zielvereinbarungen am Schuljahresbeginn, durch Bestandsaufnahmen während des Schuljahres und durch gemeinsame Konfliktlösungen. Zum anderen möchte man auf Schulebene mehr Zielklarheit schaffen durch ein gemeinsames pädagogisches Konzept. Hierzu beitragen sollen teilnehmeraktivere Gesamtlehrerkonferenzen mit mehr pädagogischen Themenanteilen.

In der Gesamtlehrerkonferenz will man auch regelmäßig „Wetterberichte“ durchführen, die der Verbesserung der Kommunikation dienen.

Im Unterricht soll die Vermittlung methodischer und sozialer Kompetenzen intensiviert werden. Etwas geringer fällt die Bereitschaft zur

Anwendung neuer, schülerzentrierter Unterrichtsformen aus, insbesondere in Gymnasien.

Mancherorts gehören auch organisatorische Verbesserungen zum Programm (z.B. Zeitstruktur, Lehrauftragsverteilung).

Einige Schulen halten Maßnahmen zur Aktivierung der Elternarbeit, der SMV-Arbeit und des Schullebens für notwendig.

Wenn eine Schule sich auf den Weg der Selbsterneuerung begibt und ihr Änderungsprogramm konsequent und kontinuierlich umsetzt, kann es über kurz oder lang zu entscheidenden Verbesserungen des Arbeitsklimas und der pädagogischen Leistungen kommen. Diese dauern lange an. Über 80% der Veränderungen bleiben auch nach sechs Jahren erhalten (Reynolds 1991).

Was sich konkret verändert und was die Weiterentwicklung erschwert, habe ich genauer zu eruieren versucht. Grundlage der Wirkungsanalyse waren 51 Zwischenbilanzprotokolle, die im Zeitraum 1995-1998 im Rahmen von Schulentwicklungsprozessen der oben genannten Schulen angefertigt wurden. Die Auswertung erbrachte im Blick auf die umgesetzten Maßnahmen zur Qualitätsverbesserung folgendes Bild:

- Verbesserungen der Erziehungs- und Unterrichtsarbeit 88%
- mehr pädagogischer Konsens auf Klassenebene 65%
- bessere Kommunikation der Schulpartner 51%
- teilnehmeraktivere Gesamtlehrerkonferenzen 37%
- mehr außerunterrichtliche Aktivitäten 25%
- mehr Elternaktivierung 24%
- organisatorische Verbesserungen 24%
- mehr Transparenz und Information 22%
- mehr Öffentlichkeitsarbeit 16%
- Verbesserung der materiellen Situation 16%

Nirgendwo in den menschlichen Institutionen und Gruppen lassen sich Innovationen problem- und mühelos umsetzen. Die Gewohnheit ist zunächst ein Goliath und die Veränderungsbereitschaft ein David. Vor diesem Hintergrund sind die Kollegien in den Bilanzsitzungen auch gefragt worden, welche Schwierigkeiten im Änderungsprozess aufgetreten sind:

- Zeitmangel 76%
- Projektmanagement-Probleme 47%

- unterschiedliches Engagement 47%
- Widerstand einzelner Personen und Gruppen 43%
- Abschied vom Einzelkämpfertum 41%
- schlechte materielle Bedingungen 39%
- unterschiedliche pädagogische Auffassungen 29%
- Angst vor Offenheit 27%

Am Ergebnisbild fällt auf, dass die intensivste Umsetzung im Kernbereich der Schule erfolgt, nämlich in der Erziehungs- und Unterrichtsarbeit. Die Änderungsbemühungen konzentrieren sich auf die Förderung der Methoden- und Sozialkompetenz.

Vielerorts ist es gelungen, die Konferenzkommunikation und die informelle Kommunikation zu verbessern. Eine neue Besprechungskultur, so ein deutliches Ergebnis, ermöglicht die Entwicklung eines pädagogischen Konsenses und Konzeptes – sowohl auf der Klassenebene als auch auf der Schulebene.

Zwar nicht im gleich intensiven, aber dennoch in deutlich sichtbaren Maße wird an der Förderung der Schulkultur und der Kooperation mit dem Elternhaus gearbeitet, vor allem dort, wo diesbezüglich in der Ist-Analyse Defizite festgestellt wurden.

Das größte Umsetzungshindernis ist der Zeitmangel. Es wird dort am häufigsten genannt, wo sich die Schule ein umfangreiches Änderungsprogramm vorgenommen hat.

Mancherorts als problematisch erweist sich die Koordination der einzelnen Entwicklungsaktivitäten. Zu wünschen übrig lassen bisweilen die Klärung der Verantwortlichkeiten und die Kontrolle der Aufgabenerledigung.

Als nächstes sind Störungen in der Entwicklungsmotivation zu nennen. Nicht alle Lehrpersonen können das gleiche Quantum an Zeit investieren, vor allem solche, die durch Familien und Berufstätigkeit doppelt belastet sind. Und andere wiederum bringen sich zu wenig ein, weil sie den Änderungszielen und der Änderungsarbeit negativ gegenüberstehen. Das heißt, sie zeigen Widerstand.

Immer wieder betont wird, dass der Abschied vom Einzelkämpfertum schwer fällt und Teamarbeit erst gelernt werden muss, bevor eine wirksame kooperative Arbeit möglich ist. Nicht leicht fällt auch die

Integration der persönlichen pädagogischen Auffassungen in ein gemeinsames pädagogisches Konzept.

Eine zweite Prozessevaluation führte ich 1998-2000 durch (Keller 2000). Adressaten waren Lehrerinnen und Lehrer, deren Schulen sich seit längerem in einem Entwicklungsprozess befinden. Hierzu wurde ein Fragebogen entwickelt, in dem wichtige Evaluationskriterien operationalisiert sind. Die Lehrerinnen und Lehrer wurden darum gebeten, den Entwicklungsprozess insgesamt zu beurteilen, ihre Entwicklungsmotivation einzuschätzen und die Auswirkungen auf die pädagogische Arbeit, die Kommunikation und Kooperation, die Konferenzkultur, die organisatorischen Abläufe, die Schulumwelt, die Schulidentifikation und das Lern- und Sozialverhalten der Schülerinnen und Schüler zu bewerten. Außerdem sollten sie angeben, welche Schwierigkeiten im Prozessverlauf aufgetreten sind. Schließlich wurden sie aufgefordert, die externe Beratung zu beurteilen.

Die Beantwortung erfolgte anonym. Erzielt wurde eine Rücklaufquote von 57%, was aus sozialwissenschaftlicher Sicht als günstig zu werten ist. Aufgrund der Stichprobengröße sind die Ergebnisse verallgemeinerbar.

Die Stichprobe umfasste 122 Lehrerinnen und Lehrer, die an 10 Schulen unterrichten. Es handelte sich um 3 Grund- und Hauptschulen, 3 Realschulen, 1 Grundschule, 1 Förderschule, 1 Gymnasium und 1 Berufsschule. Alle Schulen waren durch das Schulentwicklungsteam des Oberschulamts Tübingen begleitet worden.

Auch in dieser Studie konnte nachgewiesen werden, dass innere Schulentwicklung sowohl das pädagogische Arbeitsklima als auch die pädagogischen Leistungen in deutlichem Maße verbessern hilft.

Zum Nachdenken

Niemand wird weise geboren, kein großer Plan schnell verwirklicht.
Alles bedarf der Zeit, um zur Vollendung zu gelangen.
Tritt der Erfolg nicht frühzeitig ein, ist das ein Grund zur Freude.

Chao-Hsiu Chen

11. Literaturverzeichnis

Aebli, H./Ruthemann, U./Staub, F.: Sind Regeln des Problemlösens lehrbar? Zeitschrift für Pädagogik 1986, 32, 617-637.

Allerbeck, K. & Hoag, W.: Jugend ohne Zukunft? Einstellungen, Umwelt, Lebensperspektiven. München: Piper 1985

Altrichter, H./Posch, P./Welte, H.: Unterrichtsmethoden. In Hierdeis, H./Hug, T.: (Hrsg.): Taschenbuch der Pädagogik. Band 4. Baltmannsweiler: Schneider 1997.

Aurin, K. (Hrsg.): Gute Schulen – worauf beruht ihre Wirksamkeit? Bad Heilbrunn: Klinkhardt 1991 (2. Aufl.).

Barth, A.: Burnout bei Lehrern. Göttingen: Hogrefe 1992.

Beck, E./Guldimann, T./Zutaven, M.: Eigenständiges Lernen verstehen und fördern. In: Reusser, K./Reusser-Weyeneth, M. (Hrsg.): Verstehen. Psychologischer Prozeß und didaktische Aufgabe. Bern: Huber 1994.

Becker, G.E.: Lehrer lösen Konflikte. Weinheim und Basel: Beltz 1995 (7. Aufl.).

Bessoth, R.: Alarmierende Nachrichten zur Schülermotivation. Erfahrungen mit dem Erziehungs-Diagnose-Instrument. Pädagogische Forschung 6, 1995, 137-141

Bildungskommission NRW (Hrsg.): Zukunft der Bildung – Schule der Zukunft. Neuwied: Luchterhand 1995.

Bönsch, M.: Variable Lernwege – Ein Lehrbuch der Unterrichtsmethoden. Paderborn: Schöningh 1995 (2. Aufl.).

Bohnsack, F.: Schule, wie sie sein könnte ... oder sollte? Deutsche Lehrerzeitung 21, 4. Maiausgabe, 1993.

Bohnsack, F./Leber, S. (Hrsg.): Sozial-Erziehung im Sozial-Verfall. Grundlagen, Kontroversen, Wege. Weinheim und Basel: Beltz 1996.

Brenner, H: Das große Buch der Entspannungstechniken. München: Humboldt 1989

Busch, L./Todt, E.: Gewalt in der Schule. In: Rost, D.H. (Hrsg.): Handwörterbuch Pädagogische Psychologie. Weinheim und Basel: Beltz 1998.

Cohn, R.: Von der Psychoanalyse zur themenzentrierten Interaktion. Stuttgart: Klett-Cotta 1997 (13. Aufl.).

Cube, F. v.: Fordern statt verwöhnen. Die Erkenntnisse der Verhaltensbiologie in Erziehung und Führung. München: Piper 1997 (10. Aufl.).

Deutsches PISA-Konsortium (Hrsg.): PISA 2000. Basiskompetenzen von Schülerinnen und Schülerin im internationalen Vergleich. Leverkusen: Leske und Budrich 2001.

Delphi-Studie 1996/98: Potenziale und Dimensionen der Wissensgesellschaft – Auswirkungen auf Bildungsprozesse und Bildungsstrukturen. Durchgeführt im Auftrag des Bundesministeriums für Bildung und Forschung. München und Basel: Prognos 1998.

Eder, F.: Kindheit – Jugend – Schule: Veränderte soziale Bezüge. In Altrichter, H./Schley, W./Schratz, M. (Hrsg.): Handbuch zur Schulentwicklung. Innsbruck und Wien: StudienVerlag 1998.

Eikenbusch, G.: Praxishandbuch Schulentwicklung. Berlin: Cornelsen Scriptor 1998.

Elke, G.: Organisationsentwicklung: Diagnose, Intervention und Evaluation. In: Hoyos, C./Frey, D. (Hrsg.): Arbeits- und Organisationspsychologie. Weinheim und Basel: Beltz 1999.

Fend, H.: Qualität im Bildungswesen. Schulforschung zu Systembedingungen, Schulprofilen und Lehrerleistung. Weinheim und München: Juventa 1998.

Faller, K./Kerntke, W./Wackmann, M.: Konflikte selber lösen. Mediation für Schule und Jugendarbeit. Mülheim: Verlag an der Ruhr 1996.

Fölling-Albers, M.: Schulkinder heute. Auswirkung veränderter Kindheit auf Unterricht und Schulleben. Weinheim und Basel: Beltz 1992.

Haynes, N.M./Comer, J.P./Hamilton-Lee, M./Boger, J./Joyner, E.: Differences among high, average and low high school achievers on the Learning and Study Strategies Inventory. Educational and Psychological Research, 7, 1987, 65-71.

Hartkemeyer, M./Hartkemeyer, J.F./Dhority, L.F.: Miteinander denken. Das Geheimnis des Dialogs. Stuttgart: Klett-Cotta 1999 (2. Aufl.).

Heldmann, W./Finkenstaedt, T.: Voraussetzungen und Rahmenbedingungen des Hochschulstudiums. Bad Honnef: Bock 1998.

Herwig, G./Hold-Jagoda, R.: In guten Zeiten anfangen. Elternhaus und Schule arbeiten in der Gewaltprävention zusammen. In: Schüler 1995: Gewaltlösungen. Seelze: Friedrich 1995.

Institut für Schulentwicklungsforschung (Hrsg.): IFS-Schulbarometer. Ein mehrperspektivisches Instrument zur Erfassung der Schulwirklichkeit. Dortmund: IFS-Verlag 2000 (6. Aufl.).

Jefferys, K./Noack, U.: Streiten, Vermitteln, Lösen. Das Schüler-Streit-Schlichter-Programm für die Klassen 5 bis 10. Lichtenau: Verlag der AOL 1995.

Keller, G.: Lernförderung in der schulpsychologischen Beratung. In: Mandl, H. / Friedrich, H.F. (Hrsg.).: Lern- und Denkstrategien. Analyse und Intervention. Göttingen: Hogrefe 1992.

Keller, G.: Das Lern- und Arbeitsverhalten leistungsstarker und leistungsschwacher Schüler. Psychologie in Erziehung und Unterricht, 40, 1993, 125-129

Keller, G.: Pädagogische Psychologie griffbereit. Ein schulpraktisches Handbuch. Donauwörth: Auer 1994.

Keller, G.: Motivationsstörungen. Formen, Ursachen, Förderung. Donauwörth: Auer 1995.

Keller, G.: Wir entwickeln unsere Schule weiter. Praxisleitfaden für die Innere Schulentwicklung. Donauwörth: Auer 1997.

Keller, G.: Lernen will gelernt sein! Ein Lerntraining für Schüler. Wiesbaden: Quelle & Meyer 1998 (6. Aufl.).

Keller, G.: Lehrer helfen lernen. Lernförderung, Lernhilfe, Lernberatung. Donauwörth: Auer Verlag 1999a (4. Aufl.).

Keller, G.: Lern-Methodik-Training. Für die Klassen 5-10. Göttingen: Hogrefe 1999b.

Keller, G.: Schulschwierigkeiten – was tun? Schulpsychologische Hilfen für die Praxis. Wiebelsheim: Quelle & Meyer 1999c.

Keller, G.: Evaluation und Weiterentwicklung der pädagogischen Arbeit. Lehren und Lernen, 25, Heft 1, 1999d, S. 8-13

Keller, G.: Schul-Entwicklungs-Bilanz 2000. Tübingen: Oberschulamt Tübingen 2000.

Keller, G./Hafner, K./Guderlei, J.: Schulstart Sekundarstufe. Förderung des Lern- und Sozialverhaltens. Mit 22 Kopiervorlagen. Donauwörth: Auer 1997 (2. Aufl.).

Keller, G./Hafner, K.: Soziales Lernen will gelernt sein! Lehrer fördern Sozialverhalten. Donauwörth: Auer 1999.

Keller, G./Katzer, E.: Lernen, Denken, Entspannen. Übungen zur Förderung des Lernverhaltens. Mit 84 Kopiervorlagen für die Sekundarstufe I und II. Donauwörth: Auer 2000 (2. Aufl.).

Keller, G./Thiel, R.D.: Lern- und Arbeitsverhaltensinventar (LAVI). Göttingen: Hogrefe 1998.

Kempfert, G./Rolff, H.G.: Pädagogische Qualitätsentwicklung. Ein Arbeitsbuch für Schule und Unterricht. Weinheim und Basel: Beltz 2000 (2. Aufl.).

Klafki, W.: Zum Verhältnis von Didaktik und Methodik. Zeitschrift für Pädagogik, Heft 22, 1976, S. 77-94

Klippert, H.: Teamentwicklung im Klassenraum. Übungsbausteine für den Unterricht. Weinheim und Basel: Beltz 2000a (4. Aufl.).

Klippert, H.: Methodentraining. Bausteine für den Unterricht. Weinheim und Basel: Beltz 2000b (11. Aufl.).

Kohlberg, L: Die Psychologie der Moralentwicklung. Frankfurt: Fischer 1996.

Korte, J.: Lernziel Friedfertigkeit. Vorschläge zur Gewaltreduktion in Schulen. Weinheim und Basel: Beltz 1994.

Korte, J.: Sozialverhalten ändern! Aber wie? Ideen und Vorschläge zur Förderung sozialen Verhaltens an Schulen. Weinheim und Basel: Beltz 1996.

Institut für Demoskopie: Schulumfrage im Auftrag von Geo-Wissen. Allensbach 1999.

Miller, R.: Beziehungsdidaktik. Weinheim und Basel: Beltz1999a (3. Aufl.).

Miller, R.: „Halt's Maul, du dumme Sau!" (Lehrerheft). Schritte zum fairen Gespräch. Lichtenau: Verlag der AOL 1999b.

Miller, R.: „Das ist ja wieder typisch!" Kommunikation und Dialog in Schule und Verwaltung. 25 Trainingsbausteine. Weinheim und Basel: Beltz 2000 (3. Aufl.)

Miller, R.: „Du dumme Sau!" Von der Beschimpfung zum fairen Gespräch. Ein Schülerarbeitsheft. Lichtenau: Verlag der AOL 1998.

Mussen, P.H./Conger, J.J./Kagan, J. Huston, A.C.: Lehrbuch der Kinderpsychologie. Band 1 und Band 2. Stuttgart: Klett-Cotta 1993.

Neisser, U. (Ed.): The Rising Curve: Long Term Gains in IQ and related Measures. Washington: American Psychological Association 1998.

Olweus, D.: Gewalt in der Schule. Was Lehrer und Eltern wissen sollten - und tun können. Bern: Huber 1995.

Philipp, E./Rolff, H.-G.: Schulprogramme und Leitbilder entwickeln. Ein Arbeitsbuch. Weinheim und Basel: Beltz 1999 (3. Aufl.).

Reynolds, D.: Forschung zu Schulen und zur Wirksamkeit ihrer Organisation - das Ende des Anfangs? Eine kritische Bilanz aus der Sicht britischer Erfahrungen. In: Aurin, K., 1991, a.a.O., S. 88-100.

Rogge, J.U.: Kinder können fernsehen. Vom sinnvollen Umgang mit Medien. Reinbek 1999.

Rolff, H.-G./Buhren, C.G./Lindau-Bank, D./Müller, S.: Manual Schulentwicklung. Handlungskonzept zur pädagogischen Schulentwicklungsberatung (SchuB). Weinheim und Basel: Beltz 2000 (3. Aufl.).

Rutter, M./Maughan, B./Mortimer, P./Ouston, J.: Fünfzehntausend Stunden - Schulen und ihre Wirkungen auf Kinder. Weinheim und Basel: Beltz 1980.

Schubarth, W./Kolbe, F.U./Willems, H. (Hrsg.): Gewalt an Schulen. Ausmaß, Bedingungen und Prävention. Opladen: Leske und Budrich 1996.

Senge, P.: Die fünfte Disziplin. Kunst und Praxis der lernenden Organisation. Stuttgart: Klett-Cotta 1999 (7. Aufl.).

Silbereisen, R.K./Vaskovics, L.A./Zinnecker, J. (Hrsg.): Jungsein in Deutschland. Jugendliche und junge Erwachsene 1991-1996. Opladen: Leske und Budrich 1996.

Steffens, U./Bargel, T.: Erkundungen zur Qualität von Schule. Neuwied: Luchterhand 1993.

Stern, C./Döbrich, P. (Hrsg.): Wie gut ist unsere Schule? Selbstevaluation mit Hilfe von Qualitätsindikatoren. Gütersloh: Verlag Bertelsmann Stiftung 1999.

Struck, P.: Die Schule der Zukunft. Von der Belehrungsanstalt zur Lernwerkstatt. Darmstadt: Wissenschaftliche Buchgesellschaft 1996.

Thiel, R. D./Keller, G./Binder, A.: Arbeitsverhaltensinventar AVI. Braunschweig: Westermann 1979.

Walberg, H.J./Wang, M.C.: Effective educational practices and provisions for individual differences. In: Wang, M.C./Reynolds, M.C./Walberg, H.J. (Eds.): Handbook of special education. Vol. 1. Oxford: Pergamon Press 1987.

Wang, M.C./Haertel, D./Walberg, H.J.: What helps students learn? Educational Leadership, December 1993 / January 1994, 74-79.

Watzlawick, P./Beavin, J.H./Jackson, D.D.: Menschliche Kommunikation. Formen, Störungen, Paradoxien. Bern: Huber 2000 (10. Aufl.).

Weinstein, C.E.: Learning and Study Strategies Inventory. Clearwater: H & H Publishing Company 1987.

Winkel, R.: Der gestörte Unterricht. Bochum: Kamp 1996 (6. Aufl.).